世界は誰かの正義でできている

アフリカで学んだ
二元論に囚われない生き方

フリーランス国際協力師　原　貫太

KADOKAWA

はじめに

正義か悪か――単純な二元論では語れない

「正義の反対は、また別の正義かもしれない」

アフリカ・コンゴ東部の紛争地で武装勢力と向き合った時、改めてそう気づかされた。銃を持ち、武装闘争を続ける――その行動だけを見れば、彼らは「悪」と映るかもしれない。しかし、彼ら自身は、その戦いを自分たちの生まれ育った村や家族を守るための「正義」だと信じていた。彼らと笑顔で握手を交わした瞬間、その手の温もりに、自分の心の中にあった冷たい固定観念が溶け去るのを感じた。

私たちが日常的に目にするニュースやSNSでは、正義と悪が単純に分けられ、わかりやすく語られることが多い。戦争の情報も例外ではない。「私たちが正義で、彼らが悪」という構図は直感的で、多くの人を引きつけやすい。
しかし、本当に世界はそんなに単純なのだろうか？

世界で起きている出来事の多くは、「正義か悪か」の二元論では語りきれない。ある立場では「自由のための戦い」と称される行動が、別の立場では「侵略」とされることもある。視点が変われば、善悪の境界線は容易に揺らぐ。そしてその間には、無数の曖昧な背景や立場が存在している。

白と黒の間に広がる無限の灰色――それこそが、私たちが生きる世界なのだ。

世界には普遍的な正しさは存在しない

私は学生時代からアフリカに関わり始め、難民居住区での支援活動や、元子ども兵士の社会復帰を支援するプロジェクトに携わってきた。また、農村部の貧しい女の子たちが生理用品を手に入れられず、学校を休まざるを得ない現実を目の当たりにし、生理用ナプキンの作り方を教える活動も行った。現地の人々と共に生活する中で、アフリカ社会に根付く多様な文化や人々の絆《きずな》、独自の価値観が生み出す豊かさを見つめてきた。

しかし、新型コロナウイルスの流行によって現場での活動が難しくなった2020年からは、それまでの経験を活かし、ユーチューブを通じての発信活動を始めた。貧困、戦争、人権、環境、政治といったテーマを扱い、現場で得た知見や感じたことを視聴者に伝えてきた。

2022年以降、コロナ禍が落ち着き海外渡航が可能になると、アフリカを中心に紛争地や貧困地域を訪れ、現場での取材活動を再開。現地で直接見聞きしたリアルな状況を、映像や文章を通じて伝えることに力を注いでいる。日々更新する動画は多くの方に注目され、今ではチャンネル登録者も33万人を超えた（2025年1月現在）。国際協力という分野では、一定の影響力を持つ立場になったと自覚している。

しかし、**世界について学べば学ぶほど、その複雑さと多層性に圧倒される。**何が正義で、何が悪なのか——それは視点や状況によって絶えず変化し、普遍的な正しさなど存在しないのではないかと思える瞬間がある。答えを求めても、確固たる結論にはたどり着けない。**その曖昧さこそが、世界の本質なのかもしれない。**

そして、発信者としての影響力が大きくなるほど、自分の言葉が生む重みを恐れるようになった。明確な立場を取ることが、時として偏見や誤解を助長する可能性があることを痛感するからだ。

複雑な世界の現実を、どうすればその複雑さを保ったまま、それでいて正確に伝えることができるのか。そして、自分の声はどのように受け取られるのか——その責任の大きさに、ずっと向き合い続けてきた。

「生きるとは何か」を考え抜いた記録

この本は、私の人生を振り返りながら、複雑な世界を生きるとはどういうことなのかを考えた記録だ。

第1章では、「世界最悪の紛争地」とも呼ばれるコンゴ民主共和国東部での取材について書く。この取材は私のユーチューブでも発信してきたが、映像だけでは伝えきれない複雑な現実や人々の物語を、文字を通じて描き出したい。

一見すると日常が穏やかに流れるその地では、普通の生活の裏側に紛争の影が潜んでいる。そこで目にした現実は、単なる苦難の物語ではなく、逞《たくま》しく生きる人々の姿でもあった。それらを通じて、**「紛争地」という言葉が持つ固定観念を問い直したい。**

第2章では、海外にほとんど興味がない「純ジャパ」だった私が、国際協力の世界に足を踏み入れ、やがてフリーランス国際協力師として活動するまでの半生を振り返る。

初めてアフリカの地を訪れた際のカルチャーショックや、国際協力に身を投じたきっかけとなる出来事を通して、どのように価値観が変わっていったのかを紐解《ひもと》く。**何度も世界の不条理に打ちのめされながらも、それでもこの道を歩み続けた理**

由を伝えたい。

第3章では、ユーチューブを通じて貧困や戦争といった世界の問題を発信する中で、私自身が向き合ってきた葛藤や悩みについて語る。

伝える者としての責任と、それに伴う苦しみ、インフルエンサーとしての影響力に対するプレッシャーや、フォロワー数が増えるほどに深まっていく孤独感。再生数や視聴者の反応に一喜一憂しながらも、世界の複雑な現実を正確に伝えるために奮闘する日々を記す。**カメラの前では見せない、発信者としての葛藤と苦悩に焦点を当てた。**

第4章では、「学校一の問題児」と呼ばれ、日本社会で「生きづらさ」を感じていた私が、日本を飛び出し、アフリカで「生きやすさ」を見つけた経験について書く。

不便さや危険が伴う生活環境で、なぜ私は「生きやすさ」を感じたのか。アフリカでの日常を通して浮かび上がったのは、日本社会の効率性や標準化がもたらす息苦しさだった。アフリカから見ると、日本の「便利さ」や「正しさ」はどこか窮屈に感じる。多様性を尊重するはずの「ポリティカル・コレクトネス（ポリコレ）」すら、新たな「正しさ」として画一的に適用され、その意図とは裏腹に私たち自身を縛るものになっているのではないか。**こういった違和感の正体を掘り下げながら、「生きやすさ」の本質について考察した。**

過去を振り返る中で、常に葛藤が隣り合わせにあったことに気づかされた。だが、葛藤そのものが新たな視点を生み出し、次の一歩を踏み出すための原動力となってきた。

この本は、明確な答えを示すものではない。それどころか、私自身、今も問い続けている最中だ。

ただ、この本を通じて、あなたの中に新たな視点や問いが生まれればと願っている。そして、その問いが、複雑な世界と向き合い、自分なりの「答え」を探す旅の一歩となることを心から望んでいる。

原 貫太

世界は誰かの正義でできている

アフリカで学んだ二元論に囚われない生き方

目次

第3章 正しい報道とは何か？ インフルエンサーの光と影

第4章

死を意識したアフリカで「生きている実感」を得た

ブックデザイン　山之口正和＋永井里実＋高橋さくら（OKIKATA）
カバーイラスト　岡野賢介
図版　曽根田栄夫（ソネタフィニッシュワーク）
DTP　思机舎
校正　山崎春江
編集　金子拓也

クレジットのない写真は筆者撮影

第1章

世界最悪の紛争地・コンゴ東部で見た灰色の現実

豊かな資源と「負」の歴史を併せ持つ国

「やはり、遺書を書いておくべきなのだろうか……」

カンパラの夜空に瞬く星々を見上げながら、そんな不吉な考えがふと頭をかすめる。

30歳を目前にした私が、「遺書」という言葉を真剣に思い浮かべるのは、これが初めてのことだった。ウガンダ共和国の首都カンパラに滞在し、コンゴ民主共和国の東部への取材準備を進める中で、心の奥底に隠れていた不安が徐々に顔を覗《のぞ》かせてくる。

本来ならば、危険な地域に向かう前にやるべき準備が山積みだった。銀行口座の情報、ユーチューブチャンネルのパスワード、もしもの時の連絡先——これらを家族や友人に共有しておくべきだったのだろう。
万が一、現地で何か起こった時、私の預金やSNSのアカウントはどうなるのか。誰が、どのように私の死を伝えるのか。そんな思考が頭を巡る自分に気づき、思わず苦笑してしまう。「遺書なんて大げさだ」と思いたかった。しかし、コンゴ東部の現実に直面するたび、その考えは無視できないほどにリアルなものとなっていった。

コンゴ――その名を耳にするだけで、私の胸には重く、深い闇が広がる。この国は豊かな自然や天然資源を誇りながらも、奴隷貿易や植民地支配、資源搾取に苦しめられてきた。イギリスの小説家、ジョゼフ・コンラッドの名作『闇の奥』が映し出す暗いイメージは、現代のコンゴの現実をも象徴している。
コンラッドが描いた19世紀末のコンゴ川を遡る旅は、象牙を収集する謎の男カーツを追い求める物語であり、同時に西洋文明の支配が人間の内面にもたらした闇を暴き出すものだった。しかし、1世紀以上の時を経てもなお、コンゴ、とりわけコンゴ東部の現実は、多くの人々にとって理解しがたい暗闇に包まれている。

コンゴ民主共和国は、アフリカ大陸の中央に位置し、日本の面積の約6倍にも及ぶ広大な国土を持つ国だ。1960年にベルギーの植民地支配から独立を果たした後も、数十年にわたり政治的混乱や経済危機、そして紛争の影に苦しんできた。ウガンダ、ルワンダ、タンザニア、ザンビアなど9つの国と国境を接し、その地理的広がりが、多様な文化や自然環境を育んでいる。1997年以前は「ザイール共和国」として知られており、特に年代が上の読者には旧国名のほうが馴染《なじ》み深いかもしれない。

国土の西端に位置する首都キンシャサは、約1700万人の人口を抱えるメガシティであり、アフリカの中でも経済成長が著しい都市の一つだ。中心部には近代的な高層ビルも立ち並び、活気ある市場が広がるこの都市の風景は、国の発展を象徴している。

しかし、私がこれから訪れる東部の南キブ州は、キンシャサから直線距離で約1500キロも離れた場所にある。広大な国土が生む地域間の格差は大きく、首都の活況とは対照的に、東部地域は長年にわたり紛争と貧困に直面してきた。

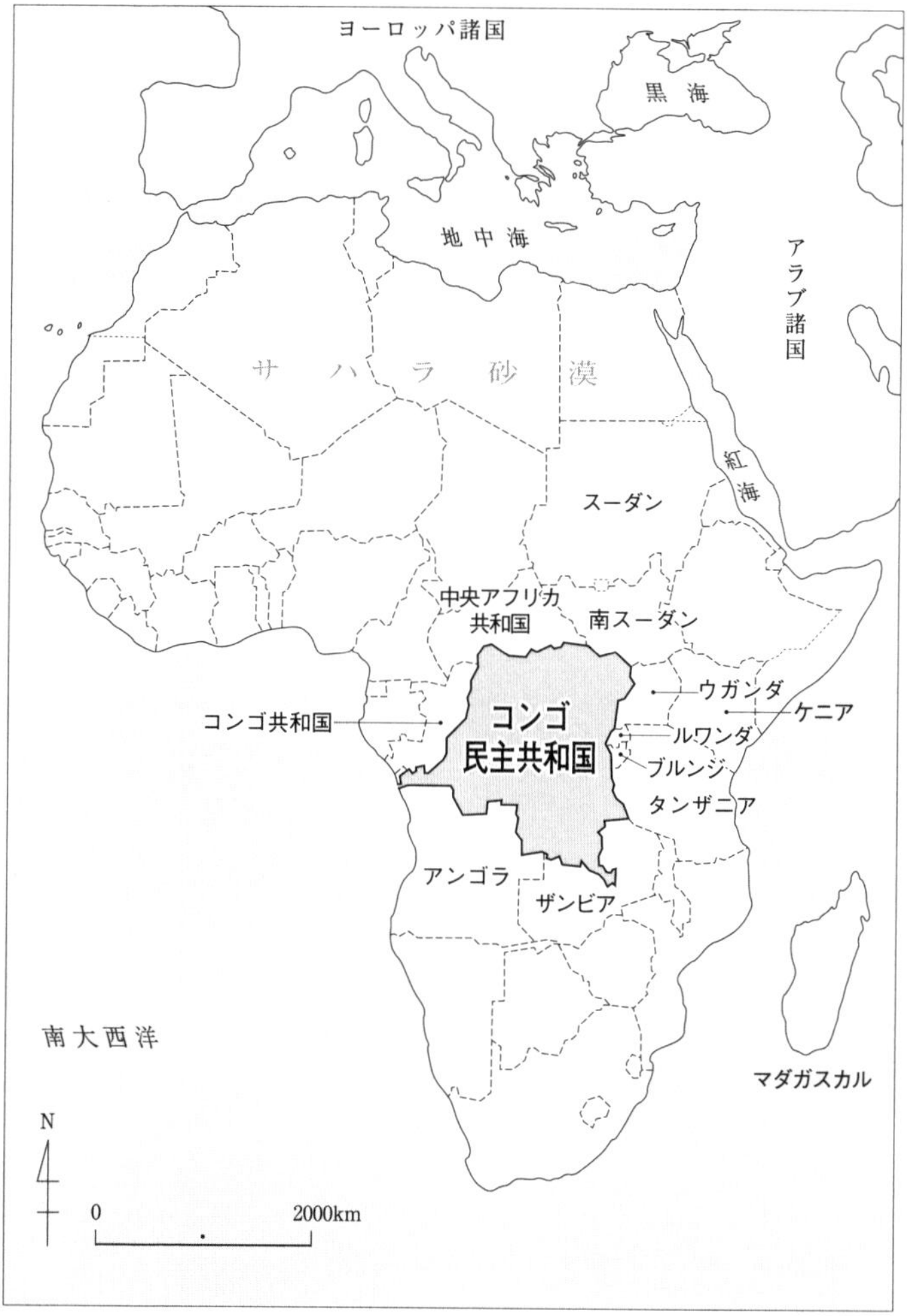
ヨーロッパ諸国
黒海
地中海
アラブ諸国
サハラ砂漠
紅海
スーダン
中央アフリカ共和国
南スーダン
ウガンダ
ケニア
コンゴ共和国
コンゴ民主共和国
ルワンダ
ブルンジ
タンザニア
アンゴラ
ザンビア
南大西洋
マダガスカル
N
0
2000km

コンゴ東部は、金、タンタル、スズ、タングステンなどの希少な鉱物資源が豊富に眠る地として知られている。

しかし、その豊かさは同時に争いの火種となり、武装勢力が各地域を支配し合う状況を生んできた。住民への襲撃や村の破壊が繰り返され、多くの人々が極度の貧困下での避難生活を余儀なくされている。

カンパラの喧騒《けんそう》が遠のき、心の中で広がる静寂の中で、「闇の奥」という言葉が重くのしかかる。それは単なる地理的な位置や物理的な暗さを示すものではなく、コンゴが抱える社会的、経済的、政治的な闇の象徴だ。そこには希望の光が見えにくく、人々は日々の生存を懸け、混沌《こんとん》とした状況の中をさまよい続けている。

「知らなければ、もっと幸せに生きられたかもしれない」

そんな思いが胸をよぎることは、一度や二度ではなかった。

コンゴ東部の現実を知れば知るほど、同じ地球で、同じ時代に生きるはずの人々が、私たちとは全く異なる過酷な現実に直面していることを痛感する。しかし、その現実から目を背けることは、私にはできなかった。むしろ、**その闇の中で懸命に生きる人々の姿を、自分自身の目で確かめたい**という思いが強まっていった。

恐怖は確かに存在した。しかし、それ以上に、私はこの世界の「闇」を見つめ、その中で希望という名の「光」を見出そうとする人々の姿を目に焼き付けたい。その強い思いが、私をコンゴ東部へと駆り立てた。

カンパラの夜が深まる中、私は再び星空を見上げ、心を落ち着けた。遺書を書くべきかどうかはまだ決めかねているが、ここにいる理由だけははっきりしている。それは、「闇の奥」に差し込む光を探し求め、その光がどこへ続くのか、この目で確かめるためだ。

武装勢力はなぜ性暴力で支配するのか

※性暴力に関する描写が含まれます。ご注意ください。

コンゴ東部の取材について話す前に、私がなぜコンゴ東部に関心を持つようになったのか、そのきっかけについて簡単に紹介させてほしい。

私がコンゴ東部に関心を抱くようになったのは、大学生の頃に遡る。第2章でも詳しく書くように、当時、私はアフリカで紛争被害者の支援に取り組むNGOでインターンシップをしていた。その活動に関わる中で、「レイプ（性暴力）が武器として使われている」というコンゴ東部の現実を知った。

さらに、コンゴ東部の紛争が、スマートフォンをはじめとした電子機器を通じて、私たちの日常生活とつながっていることを知り、強い衝撃を受けた。

コンゴ東部では、武装勢力や軍による住民へのレイプが深刻な問題となっている。女性や少女だけではなく、男性や少年も被害を受け、2020年の統計では1053件もの被害が報告されている。
記録に残らない被害も多く、実際にはこれまでに推定40万人以上が性暴力を受けたと考えられており、コンゴ東部は「女性にとって世界最悪の場所」とまで呼ばれている。

特に私が心を痛めたのは、被害が幼い子どもや赤ちゃんにまで及んでいるという現実だ。10歳未満の女の子や、生後1年ほどの赤ちゃんが被害を受け、性器を切り裂かれるような非人道的な行為が行われている。夫の目の前で妻が複数の男たちにレイプされる、あるいは銃で脅して息子に母親を襲わせるといった残虐なケースも報告されており、行為の残忍さに言葉を失った。

このような現実を知ると、「コンゴの武装勢力の民兵はみな野蛮なんだろう」と感じるかもしれない。だが、そこには単純な善悪では捉えきれない複雑な事情が存在する。
民兵は麻薬を与えられ、正常な判断力を失った状態で行為に及んでいる場合が多い。また、上官からの命令でレイプすることを強要され、命令に背けば自らの命を奪われる可能性もある。さらに、民兵の中には、武装勢力に入る前に自身の村が襲われ、家族を殺され、「民兵になるか、その場で死ぬか」という究極の選択を迫られた者もいる。彼らは加害者でもあり、同時に被害者でもあるのだ。

コンゴ東部のような紛争地においては、**レイプが「効率的な武器」として戦略的に利用されてきた**。性暴力は直接の被害者だけでなく、その家族やコミュニティ全体に深い恐怖や無力感を植え付け、家族や住民同士の信頼関係を破壊してしまう。妻が目の前で蹂躙《じゅうりん》される姿を見て、無力感に苛《さいな》まれる夫や、母親が苦しむ様子を見せられた子どもたちが抱える心の傷は、コミュニティに深刻な亀裂をもたらす。

また、武器としての性暴力は、弾薬の消費や銃のメンテナンスを必要とせず、コストがほとんどかからない。誤解を恐れずに言うと、武装勢力にとって性暴力は、地域住民を支配する手段として「コスパのいい武器」なのだ。

被害を受けた人々は、性暴力という性質上、その痛みや屈辱を他人に伝えることが難しい。さらに、コンゴのような最貧国では警察や司法制度が十分に機能していないため、加害者が罰せられにくいという現実がある。こうした状況が、性暴力が根強く続く一因となっている。

この問題が世界に広く知られる契機となったのは、2018年にコンゴ人婦人科医デニ・ムクウェゲ氏がノーベル平和賞を受賞したことだった。

彼は南キブ州にあるパンジ病院で20年以上、8万人以上の性暴力被害者を治療し、今も活動を続けている。ムクウェゲ医師の活動やコンゴ東部における性暴力の実態についてさらに知りたい方は、『ムクウェゲ医師、平和への闘い』（岩波ジュニア新書）をぜひ手に取ってみてほしい。

私たちのスマホのために犠牲になる人々

性暴力の実態を知った時の衝撃は今も鮮明に覚えているが、それ以上に私を驚かせたのは、**コンゴ東部の紛争が私たちの日常生活と密接に結びついている**という事実だった。

コンゴで産出される金、タンタル、スズ、タングステンといった「紛争鉱物」は、スマートフォンやノートパソコンなどの電子機器の製造に必要な素材であり、私たちの生活とも深く関係している。武装勢力はこれらの鉱物資源から得た利益を活動資金に充《あ》て、さらに性暴力を地域住民を支配する手段として用いてきた。

2000年代以降、こうした鉱物が「紛争鉱物」として問題視され、国際社会は武装勢力への資金流入を防ぐため、取引の監視や規制を強化してきた。コンゴ国内でも、NGOや国際機関の協力による監査や電子タグによる追跡が進められているが、依然として違法取引や規制をかいくぐる取引は後を絶たず、問題の根は深い。

現地の実情に触れるにつれて、コンゴの人々の苦しみと私たちの日常がつながっていることに、恐怖と罪悪感を覚えずにはいられなかった。私たちの生活に不可欠なスマートフォンやノートパソコンといった電子機器。その便利さや快適さの裏で、遠く離れたコンゴでは誰かが犠牲になっているかもしれない――その不条理な現実を前にして、私は考えることを放棄し、目をそらしてしまいたくなった。

しかし、ムクウェゲ医師がノーベル平和賞の授賞式で述べた言葉が、私の心に深く響いた。

「電気自動車を運転する時、スマートフォンを使う時、ジュエリーを眺める時、これらの製品が作られる過程で支払われた人的な代償について、少しだけ考えてみてください。私たちは消費者として、少なくともこれらの製品が人間の尊厳を尊重して製造されていることを求めていきましょう。この悲劇に目をつぶることは、それに加担することを意味するのです」

「愛の反対は無関心である」という言葉がある。ムクウェゲ医師の言葉にあるように、「目をつぶることは、それに加担することを意味する」のだろう。私は、無関心であることで、コンゴ東部の人々の苦しみに加担することだけは避けたかった。

問題は、人々に認知された時に初めて問題として扱われる。知られなければ、コンゴの問題は存在しないも同然だ。**コンゴの現実を知った者として、関心を持った者として、私には行動する責任がある。**この思いが、私がユーチューブを通じてコンゴの現状を広く発信する動機となった。

まずは一人でも多くの人に、この現実を知ってほしい。私たちが手にする製品の背後にある真実に目を向けること。それが、コンゴの人々の苦しみを軽減するための第一歩になると信じているからだ。

現実を知るための「鳥の目・虫の目」とは

コンゴ東部の紛争は、日本ではほとんど知られていない。当初、私がコンゴに関する動画を制作する際、正直なところ、その内容がどれだけ視聴されるのか非常に不安だった。視聴者が関心を持たなかったらどうしようという恐れもあった。

しかし、実際にコンゴの歴史や紛争、性暴力の問題を取り上げた動画には、予想以上の反響があった。「こんなことが同じ世界で起きているとは信じられない」「もっとコンゴについて知りたい」といったコメントが次々と寄せられたのだ。その声に応える形で、私はさまざまな文献やニュースを調べ、ユーチューブに動画をアップし続けた。

コンゴに関する動画は多くの視聴者を引きつけ、チャンネル登録者が急増するきっかけにもなった。

しかし、ある時、私は立ち止まらざるを得なかった。

私は一度もコンゴに足を踏み入れたことがないのに、コンゴの現実を語っている。書籍やインターネットの情報だけを頼りにして、果たして真実を伝えられているのか？　私のコンゴに対する眼差しは、偏ってしまってはいないか？

ユーチューブというプラットフォームにおいて、コンゴについて発信している他の日本人はほとんどいない。私の動画が最も注目される発信源となっていることに、次第に重い責任を感じるようになった。

物事を深く理解するためには、「鳥の目」と「虫の目」の両方が必要だ。**鳥の目とは、広い視野で物事を捉える俯瞰《ふかん》的な視点であり、虫の目とは、目の前の細かな事実を直接見ること**。そして、その両方を兼ね備えることが、物事を正しく捉え、真実を伝えるために不可欠だ。

コンゴの現状に対する私の問題意識や、その現状を伝えたいという思いは確かにあった。しかし私には、現場の細部を捉える「虫の目」が圧倒的に欠けている。それならば、実際に現地に足を運び、「虫の目」で現場を見てみよう。そうした思いを抱き、私はコンゴ東部の現地取材に挑むことを決意した。実際のコンゴの姿を目にし、耳にし、そして肌で感じるために。これまで伝えてきた情報がどれほど正確だったのか、自分の目で確かめることが、今の私にとって必要不可欠だと感じたからだ。

世界最悪の「危険地帯」へ足を踏み入れる

コンゴ東部は、世界で最も危険な地域の一つとして知られる場所だ。日本の外務省が発表する海外安全情報では、危険度が最高レベルの4に達しており、「他国軍の侵入や難民の流入による治安悪化に加え、反政府武装勢力による地元住民の虐殺や誘拐等の発生が報告されています」と掲載されている。

私がこのレベル4の危険地域に足を踏み入れるのは、これで二度目だ。初めての経験は、2022年の夏に戦時下のウクライナを訪れた時だった。ウクライナ全土でも同様にレベル4の警戒が発令され、その当時の緊張感は今も鮮明に脳裏に焼き付いている。2024年12月現在も、ウクライナの状況は依然として危険度が高いままだ。

ウクライナでの取材は、首都キーウと西部のザカルパッチャ州で行った。キーウでは、空襲警報が日に何度も鳴り響いたが、私が訪れた時期にはロシア軍の空爆はなく、街は一見すると平穏を取り戻しているかのように見えた。カフェで食事を楽しむ人々と、いつ襲いかかるかもしれない戦争の恐怖が同居する光景は、戦争が日常化している現実を如実に物語っていた。それでも、実際に命の危険を感じることはなかった。

しかし、コンゴ東部の状況は、ウクライナとは大きく異なる。ここには**120を超える武装勢力が存在し、それぞれが「なわばり」を持ちながら活動している。**コンゴ東部のすべての地域が危険というわけではないものの、場所によっては住民に対する襲撃や村の焼き討ち、さらには身代金を目的とした外国人の誘拐事件も起きている。私が武装勢力に拘束されるリスクはゼロではない。もしそのような事態が日本のメディアで報道されれば、「自己責任論」が巻き起こり、社会的な非難を浴びるのは避けられないだろう。さまざまなリスクが頭をよぎり、不安が募るのは当然のことだった。

「危険な地域に足を運ぶのは怖くないのか？」とよく尋ねられるが、その答えは明白だ。もちろん、怖い。しかし、その恐怖心を超えて、現地のリアルな状況を知らずにはいられないという強い想いや、それを伝える使命感が私を突き動かす。だからこそ、私はコンゴ東部へ行くことに決めた。

とはいえ、日本人が何のコネクションもなしに、一人でコンゴ東部に足を運ぶのは、あまりにも無謀だ。現場の状況を深く理解するためには、現地で草の根の活動を長年続けている人や団体と共に行動するのが望ましい。

そこで今回は、京都に本部を置き、コンゴを含む世界各地で国際協力活動を行っている認定NPO法人テラ・ルネッサンスの職員、小川真吾に同行する形で取材を実施することにした。学生時代にインターンとして関わって以来、テラ・ルネッサンスとは継続的に交流があり、今回もその縁を頼りに現地へ足を運ぶことにした。

発展するルワンダと貧困にあえぐブルンジ

ウガンダ共和国の首都カンパラで小川と合流した後、まず私たちはコンゴ東部に隣接するブルンジ共和国の経済の首都ブジュンブラに向かった。

ブルンジは、北にルワンダ、東にタンザニア、西にコンゴ民主共和国と接する内陸国であり、その国土は豊かな緑に覆われている。隣国のルワンダとは、地理的条件や自然環境が非常に似通っており、しばしば「双子」とも形容される。また、歴史的背景にも共通点が多く、かつて両国は同じ植民地支配の道をたどった。

両国には、**多数派のフツ、少数派のツチ、そして人口の約1%を占めるトゥワ**という人々が存在する。

フツとツチの違いは「民族」としての違いというより、かつての王国時代の社会階層に由来しているとされ、ツチは支配層、フツは被支配層という立場にあった。江戸時代の「武士」と「農民」のような関係性であったが、19世紀後半に両国がドイツの植民地となり、第一次世界大戦後にベルギーの支配下に移ると、この関係は一変する。ベルギーの植民地政府は、支配の手段としてツチとフツを異なる「人種」として扱い、両者を識別するためにIDカードの発行を義務付けるなど、その差異を強調する政策を取った。

こうして、それまで比較的緩やかだった両者の区別が急速に固定化され、やがて深刻な対立の火種となっていった。植民地支配によって広がった亀裂は、両国が1962年にそれぞれ独立を果たした後も消えることなく、内戦の要因となっていく。

ルワンダでは、1994年に100日間で約80万人が虐殺されるというジェノサイドが発生した。この間、政府や民兵組織による大規模な殺戮《さつりく》が行われ、村や都市が荒廃し、国土が破壊され尽くす事態となった。この悲劇は、後に『ホテル・ルワンダ』や『ルワンダの涙』などの映画にもなり、国際社会から大きな注目を集め、「ルワンダ虐殺」として広く知られることになった。

その一方、ブルンジでは1993年から2005年にかけて内戦が長期化し、約30万人もの犠牲者を出した。しかし、その歴史は世界的にはほとんど知られていない。

ブルンジの内戦は、ルワンダのジェノサイドと同様に、植民地支配がもたらした民族間の分断が原因の一つとされているが、国際的な関心を引く機会は少なかった。この結果、現在もブルンジの人々が直面している困難な状況は、国際社会で十分に認識されていない。

現在、ルワンダとブルンジの状況は大きく異なっている。ルワンダは内戦後、国際社会の援助を受けながら奇跡的な復興を遂げ、2010年以降は年平均7％前後の実質経済成長率を維持するなど、アフリカの中でも特に発展が著しい国だ。特にICT（情報通信技術）の分野では世界中の投資家からも注目されている。

その一方、**内戦の歴史がほとんど知られていないブルンジは、世界でも最も貧しい国と呼ばれ、一人あたりGDPでは世界最下位を記録している**（2023年、世界銀行）。ブルンジの内戦の記憶が今も影を落とす中、国際社会からの支援は限られ、観光客もほとんど訪れない。多くの国民が、今もなお極度の貧困の中で暮らしている国だ。

そんなブルンジに、私たちは今回、ウガンダ航空のフライトで向かった。エンテベ国際空港を離陸してしばらくすると、眼下にはアフリカ最大の湖、ビクトリア湖が広がる。湖面は青々としていて、その広大さは湖というより、まるで海を見ているかのようだ。飛行機は低空飛行を始め、いくつもの丘が連なる丘陵地帯を進んでいった。

夕方の時間に差し掛かり、空と地上の狭間《はざま》に広がるオレンジ色の光が、周囲の風景を優しく包み込むように美しく輝いている。機内にエンジン音だけが響く中、視界に映る景色は徐々に変わり、地形はやがて平地へと移り変わっていく。目的地のブジュンブラ国際空港が近づいてきたことを感じさせ、胸が高鳴った。

ブジュンブラに到着し、入国審査を終えた頃には、すっかり日が暮れていた。到着ロビーで迎えに来てくれたテラ・ルネッサンスのドライバーと合流し、私たちはブジュンブラ市内にある宿舎へと向かった。宿舎に着くと、コンゴ東部への移動に備え、静かな夜の中、しっかりと体を休めることにした。

隣国コンゴに入るや否や風景は一変した

ブルンジの経済の首都ブジュンブラからコンゴ東部との国境までは、車で40分程度の距離しか離れていない。翌朝、私たちはテラ・ルネッサンスの車に乗り込み、コンゴ東部の南キブ州に向けて宿舎を出発した。

ブルンジは、経済的な指標で見るとコンゴよりもさらに下位に位置する国だ。しかし、ブジュンブラでは、その整然とした街並みと舗装された道路に驚かされた。標高が低く、タンガニーカ湖に面しているため、気温も湿度も高く、日本の夏を思わせる蒸し暑さが体にまとわりつく。それでも整備された環境のおかげで、ブジュンブラでの移動は予想以上に快適だった。

コンゴ東部とブルンジにまたがる国境に到着すると、そこは混沌とした活気で満ちていた。コンゴからブルンジへ、またはブルンジからコンゴへと向かう人々が絶え間なく行き交い、車やバイク、三輪タクシー、自転車が入り乱れる。コンゴで購入した品をブルンジで販売する者、逆にブルンジで手に入れた品をコンゴで販売する者たちが、忙しそうに国境越えの手続きをしている。世界最悪の紛争地と呼ばれるコンゴ東部。その過酷な環境の中でも、人々は逞しく生き抜き、日々の糧を得ている。

ブルンジから出国するために並んだ列で、私が外国人であることがわかると、現地の係官が優先的に案内してくれた。他の人々に申し訳なさを感じつつも、このような環境では、その配慮に感謝せざるを得なかった。ブルンジの出国手続きは驚くほどスムーズに進み、予想外の安心感が広がった。

南スーダン
中央アフリカ共和国
アルバート湖
ウガンダ
北キブ州
コンゴ共和国
キブ湖
カロンゲ
ルワンダ
ブカブ
キンシャサ
コンゴ民主共和国
南キブ州
ブルンジ
ウビラ
タンザニア
ブジュンブラ
タンガニーカ湖
アンゴラ
N
0
500km
ザンビア

ブルンジ側のドライバーからスーツケースを受け取り、彼と別れのハグを交わす。「旅のご安全を」と祈りの言葉をかけられ、いよいよコンゴ側に足を踏み入れる時が来た。

事前に聞いた話では、外国人がコンゴに入国する際にはトラブルがつきものだという。荷物の内容に因縁をつけられたり、パスポートやビザの状態を理由に、賄賂《わいろ》を要求されることがあると聞いていた。私も、コンゴに入国するためのビザは日本で取得していたが、初めてのコンゴ入国ということで、何かしらのトラブルに見舞われる覚悟はしていた。私と小川は周囲の注目を集めながら、入国審査官の部屋へと通された。薄暗い部屋の中、何か尋問されるのではないか、賄賂を要求されるのではないかという不安が頭をよぎる。

しかし、その緊張は意外にも短時間で解消された。5分ほどの簡単な質問を受けた後、私たちは何事もなく解放された。続いてスーツケースの中身も簡単にチェックされたが、大きな問題は発生しなかった。これまで聞いていた噂《うわさ》とは異なる、予想外のスムーズさ。ほっとひと息つきながらも、私たちは気を引き締めたまま国境を越えた。

コンゴ側では、テラ・ルネッサンスの現地職員たちが温かく迎えてくれた。彼らとの合流は心強く、私たちは安心感と共に国境を後にした。

しかし、その安心感も束の間、コンゴ東部に足を踏み入れた瞬間、風景は一変する。目の前に広がるのは、未舗装の荒れた道路。ガタガタの道を車やバイク、三輪タクシーが忙《せわ》しなく行き交い、土ぼこりが舞い上がる。ブジュンブラでは整然と立っていた電柱も、ここでは斜めに傾き、まるで倒れる寸前の姿勢を保っているかのようだ。

「ようやくコンゴに来られた」——感慨深い気持ちが胸に湧き上がる。しかし、余韻に浸る間もなく、激しく揺れる車内と窓から見える荒々しいコンゴの風景が、一層の緊張感を私にもたらした。目に映る景色は、まるでこれから待ち受ける過酷な現実を告げているかのようだ。私たちはそのまま、南キブ州の東端に位置するウビラという町へと向かった。

「石畳の作り方を教える」という支援

ウビラは世界で2番目に深いタンガニーカ湖に面した町だ。対岸には、今朝まで私たちが滞在していたブルンジの経済の首都ブジュンブラがある。

私たちがウビラで宿泊したホテルは、タンガニーカ湖の岸辺に位置していた。窓を開けると、湖面を優しく撫《な》でる波の音が心地よく耳に届く。その音は、この地に待ち受ける厳しい現実を、ほんのひととき忘れさせてくれるかのようだった。

目に映る風景は穏やかだが、この地には長い歴史の中で積み重ねられた過酷な現実が刻み込まれている。

ウビラもまた、長年の紛争に苦しんできた町だ。数年前にも内戦状態に陥り、町の中心部では政府軍と反政府勢力の間で激しい武力衝突が繰り広げられた。紛争の影響で、町のインフラは整備がほとんど進んでおらず、基本的な生活基盤さえも欠けている。そのため、ウビラでは排水システムが機能せず、大雨が降るたびに洪水が町を襲う。近年では気候変動の影響か、その被害が一層深刻化し、町には多くの避難民が溢《あふ》れていた。

2020年に始まったコロナ禍は、この町にさらなる追い打ちをかけた。仕事を失った人々が次々と貧困層に転落し、生活困窮者が急増したのだ。私が同行しているテラ・ルネッサンスのスタッフたちも、その現実に直面しながら、ウビラでの支援活動を続けている。

テラ・ルネッサンスはここウビラにおいて、紛争や洪水の被害を受けた脆弱《ぜいじゃく》な人々に、石畳の作り方を教える技術訓練を提供している。内戦の爪痕が残るこの町では、舗装された道路が剝がれたり、そもそも舗装されていない場所も多い。石畳の作り方を学んだ人々は、その技術を活かし、壊れた道路の修繕や石畳の販売を通じて、生計を立てる道を模索しているのだ。

私たちが訪れた時、テラ・ルネッサンスの支援を受けるコンゴの人々が集まり、私たちを歓迎してくれる場面があった。彼らはオリジナルソングを歌いながら、私たちを温かく迎え入れてくれた。コンゴでは音楽が人々の生活の一部であり、深く愛されている。音楽は、現地の生活と切っても切り離せない存在だ。

その中で、ひときわ目を引く青年がいた。彼の声はまるで空気を震わせるような美しさと力強さを持ち、彼のリードに合わせて他の男性や女性たちがコーラスを奏でる。その歌声は、ただ力強いだけでなく、溢れんばかりの喜びに満ちていた。

彼らが満面の笑顔で歌う姿に、私は思わず圧倒される。そのエネルギーは、周囲の空気さえも変えてしまうかのような力を持っていた。彼らが歌い終わると、気づけば私は自然と拍手をしていた。

「歌うのが好きなのですか？」と私が青年に尋ねると、「あぁ、大好きさ！ギターも弾くし、ドラムも叩《たた》くよ」と、彼は満面の笑顔で答えた。すると、横にいた男性も「俺はピアノを弾くぞ！」と嬉しそうに話に加わった。彼らは、音楽を心から愛しているようだ。

その瞬間、はっと気づいた。彼らが、私が初めてコミュニケーションを交わしたコンゴの人々だったのだ。

これまでは遠く離れた日本から、コンゴ東部の紛争に関する情報ばかりを集め、「世界最悪の紛争地」としてばかり見てきた。そこで生きる人々の名前も、顔も知らずに、ただ数字や事実のみを手がかりに想像しようとしていた。

しかし、実際に現地に足を運び、彼らと向き合ったことで、**数字や事実の背後には血の通った人間の生活がある**という、当たり前のことに気づかされた。

どれほど過酷な環境であっても、そこに生きる人々がいる。しかし、その姿は私がこれまで抱いていた「世界最悪の紛争地」という固定観念とは全く異なっていた。彼らは力強く、エネルギッシュで、何よりも希望を胸に生きていた。

その時、胸の奥にある種の申し訳なさが湧き上がるのを感じた。これまでの私は、コンゴ東部について日本で得られる限られた情報、つまり紛争に関する情報ばかりを見聞きしてきた。そのため、知らず知らずのうちに「**コンゴ東部＝紛争」という一面的な視点に囚われ、その偏った印象のままコンゴを語っていたのだ。**

また、私自身もそうしたインパクトの強い面ばかりを切り取ってユーチューブで発信してきたことが、いつの間にか私の視点を偏らせる一因となっていたのかもしれない。

もちろん、紛争がもたらす現実は否定できない。しかし、実際に現地を訪れ、目の前で生き生きと暮らす人々と触れ合う中で、「紛争地」というラベルでは決して捉えきれない豊かな生活が存在することに気づかされた。一面的な見方に囚われてしまっていた自分の過ちを、彼らの存在が優しく教えてくれたのだ。

現場に足を運ばなければ見えないものがある――そう気づいた瞬間、これまでの長い道のりがようやく報われたように感じた。

紛争地の情勢は山の天気のようにすぐ変わる

テラ・ルネッサンスがウビラで行う活動を視察した翌日、私たちは州都ブカブへと向かうため、ウビラを後にした。

ウビラ周辺では、いまだに紛争の火種がくすぶっている。常に戦闘が行われているわけではないが、武装勢力による襲撃が時折発生するこの地域を、私たちは慎重に進んでいった。

途中には、身代金目的で外国人が誘拐されているエリアも含まれている。同行したテラ・ルネッサンスの現地職員たちは、私と小川がコンゴに入る前から最新の情報を収集し、最近は襲撃や誘拐が起きていないことを確認していた。しかし、100％の安全が保証されるわけではない。

コンゴで長年活動してきた小川が言うには、**紛争地の情勢は「山の天気」と同じで、いつ悪化してもおかしくない**そうだ。直前まで何も起こらず「大丈夫」と思っていても、突如として茂みから武装勢力が飛び出し、一瞬にして襲撃されたり、金品を強奪されたりすることがあるという。その緊張感に包まれながら、私たちはブカブへの道を進んでいった。

ウビラを出発する前、彼から一つの注意があった。私は取材のためにソニーの一眼カメラを持参している。しかし、コンゴ東部のような紛争地では、大きなカメラを持つ者に対する眼差しは厳しい。汚職や不正が蔓延《まんえん》しているこの地域では、問題を追及するジャーナリストが命を狙《ねら》われることもある。道中では、武装勢力の諜報《ちょうほう》員が潜んでいる可能性があり、彼らが車内からカメラで撮影している外国人を発見すると、その情報をもとに武装勢力が先回りして待ち伏せをし、襲撃する事件が発生しているという。小川からは、移動中は大きなカメラの使用をできる限り控えるようにと注意を受けた。

私は小型のカメラも持参していたので、最も危険なエリアを通過する際には、小型のカメラのみを使用することにした。特に緊張が走ったのはムタルレを通過する時だった。ムタルレは2014年6月、武装勢力によって数十人の住民が虐殺される惨劇が起きた場所だ。今もその地には「Massacre(虐殺)」と刻まれた記念碑が立ち、当時の悲劇を静かに伝えている。

幸運にも、私たちがこのエリアを通過した際には、武装勢力に遭遇することはなかった。

山々に囲まれ、緑豊かな自然が広がるコンゴ東部の穏やかな景色を目にしながら、ここが本当に「世界最悪の紛争地」なのだろうかという疑問が胸に湧き上がる。しかし、実際は、少し山間に入ると武装勢力が潜んでおり、散発的な戦闘が続いているという。現場に来ても見えないものがある。そのことを強く実感しながら、私たちは州都ブカブまでの道を進んでいった。

恐怖心とリスクは必ずしも一致しない

危険な地域に向かう前、私はいつも自分にこう言い聞かせる。「恐怖心とリスクは別物だ」と。

多くの人々が海外旅行を計画する際、特にアフリカのような遠く離れた地域に対しては、テロや強盗といった凶悪犯罪に遭う恐怖心を抱く。今回の私の場合も、「コンゴで武装勢力に襲撃されたり、誘拐されたりするかもしれない」という恐怖心が常に頭をよぎっていた。

人間が本能的に恐怖を感じやすいのは、身体的な危害、拘束、そして毒という3

つの要素だと言われている。「武装勢力に襲撃される、誘拐される」というのは、まさにこの「危害」と「拘束」に該当する。このイメージは私たちの頭に強い恐怖心を呼び起こすが、恐怖心が呼び起こされるからといって、その出来事が実際に起こる確率が高いわけではない。恐怖心と実際のリスクは、必ずしも一致しないのだ。

実際のところ、海外で日本人が武装勢力による被害を受けるケースは、数年に一度あるかないかという極めて稀なものだ。

一方で、紛争地に限らず、発展途上国で現実的に直面するリスクが高いのは交通事故だ。コンゴの隣国であり、私が長らく活動してきたウガンダも例外ではない。ウガンダにおける1カ月の交通事故の死者数が、人口比で日本の約4倍に上ったというデータもある（2022年6月統計）。

それにもかかわらず、私たちは交通事故に対して本能的な恐怖心を抱きにくい。それは、道路を歩いたり車を運転したりすることが日常生活の一部として当たり前になっているためだ。車は街中で頻繁に見かける身近な存在であり、その危険性に対する感覚が薄れやすいのかもしれない。だからこそ、「恐怖心とリスクは別物」

であることを理解し、**恐怖心に支配されることなく、正確な知識やデータに基づいてリスクを冷静に評価し、適切な安全対策を講じることが重要だ。**

コンゴにおける交通事故のデータは手元にないが、交通ルールがほとんど機能していないコンゴ東部では、車やバイク、三輪タクシーが混在し、まさにカオスな状態だ。

さらに、ウビラからブカブへ向かう道中、私たちはガードレールがない断崖絶壁の道を数時間かけて移動した。山側の対向車線（もっとも、車線という概念すら存在しないのだが……）から大型トラックが迫るたび、ドライバーは崖ぎりぎりまで車を寄せる。もしハンドル操作を誤れば、車はそのまま崖下へと転落してしまうだろう。仮に大けがで済んだとしても、夜間の山道では武装勢力による襲撃事件が頻発しており、移動手段を失った私たち外国人は絶好の標的になりかねない。

そんな緊張感を抱えながら、私たちはブカブへと向かって6時間のドライブを続けた。

途中、雨が降り、ぬかるんだ道でタイヤがスタックするのではないかと心配する場面もあったが、何とか無事にブカブに到着することができた。あたりはすっかり暗くなり、長い道のりがようやく終わりを迎えた時、胸の中には安堵《あんど》と共に、これから直面する現実への覚悟が再び湧き上がってきた。

富裕層と貧困層が共存するブカブの二重経済

南キブ州の州都であるブカブは、緑豊かな山々とキブ湖のほとりに広がる美しい町だ。ブカブには、120万人以上の人々が住んでいる。

ここでは武装勢力による衝突こそないが、貧富の差が極端で、ひったくりや強盗などの都市型犯罪が日常的に発生している。国連をはじめとする援助機関や商社で働く外国人の姿は時折見かけるものの、アジア人の姿は稀だ。この町でも、緊張感は常に付きまとっていた。武装勢力の恐怖とは異なるが、慎重な行動が求められる。

私たちは身の安全を確保するため、ブカブ市内でも比較的安全とされる外国人や富裕層向けのホテルに宿泊した。1泊2万円という価格は、この地の現実を考えれば高額だったが、それでも安心感を得るために、背に腹は代えられなかった。

ブカブに滞在する間、私たちは物資を調達するためにスーパーマーケットを訪れた。次に向かうカロンゲ区域では、食料品や生活必需品が手に入らないと聞いていたため、4日間の滞在に備えて必要なものを買い揃《そろ》えることにした。

スーパーマーケットの内部は、外国人や富裕層をターゲットにした高級志向の商品で溢れていた。日本でも見かけるインスタントコーヒーやスナックが並ぶ棚には、驚くほど高額な価格が掲げられている。

例えば、ポテトチップスのプリングルズの大きなサイズは450円。日本での価格と比べると1・5倍以上の値段だ。輸入品のチョコレートは600円、はちみつ(500㎖)は800円、石鹸《せっけん》は500円と、どれも異常に高額だった。

これらの商品は、周辺国のルワンダやブルンジ、ウガンダ、さらには中東から輸入されたものであり、輸送コストと限られた需要がその価格に反映されている。

コンゴ東部の経済は「二重構造」と呼ばれ、**富裕層と貧困層の間には決して越え**

られない深い溝が存在している。ブカブ市内でもその格差は顕著だ。富裕層は、先進国と比べても遜色のない財力を持つ。輸入品がどれほど高額であっても購入できるし、ブカブにある1泊2万円を超えるような高級ホテルにも泊まることができる。

しかし、同じブカブ市内でも、ほとんどの市民は高級品とは無縁の生活を送り、日々の食料を手に入れるのさえ苦労している。一歩市内を離れた農村では、さらに厳しい現実が広がっており、月収わずか500円から800円程度の人々が大半だ。スーパーマーケットで売られている商品の一つが、彼らの月収と同程度であるという事実が、この地域全体に広がる経済的な格差の深刻さを如実に物語っている。

テラ・ルネッサンスの職員、小川真吾は言う。「**コンゴは世界の縮図だ**」と。世界全体を見ても、トップ富裕層の数人が持つ資産は、全人類のうち下位半分の人々が持つ資産に匹敵している。同じ構造がこの国にも存在し、富裕層と貧困層はまるで異なる次元の世界に住んでいるかのようだ。

援助機関で働く人々も、このスーパーマーケットをよく利用する。月給20万円から30万円を得ている現地職員も珍しくないという。駐車場には、UN（国際連合）

のロゴが入ったランドクルーザーが停まっており、そのすぐ目の前で、物乞いが力なく地面に座り込んでいた。コンゴにおける二極化した経済を象徴する光景だった。

湖の穏やかな美しさと、その背後に潜む厳しい現実とのギャップ。コンゴという国、ひいては世界全体の不条理が、ブカブの町に凝縮されているかのようだった。

「運が良いとゴリラに、悪いとゲリラに会う」

南キブ州の州都ブカブで2泊した私たちは、テラ・ルネッサンスが支援事業を展開するカロンゲ区域へと向かった。

カロンゲは、ブカブから北北西に約40キロの地点に位置している。広大なアフリカ大陸においては、40キロという距離はわずかなものかもしれない。しかし、その道のりは決して容易ではなかった。

ブカブからカロンゲへ向かうには、鬱蒼《うっそう》とした熱帯雨林と険しい山道を越えなければならない。舗装されていないその道は、雨が降ればすぐにぬかるみ、タイヤがスタックする危険性が非常に高い。ブカブを出発する前、小川からは「スタックしなければ4時間、スタックすれば7～8時間はかかる」「安全のため、日が暮れる前にはカロンゲに到着したい」と告げられていた。

ブカブを出発して1時間ほどが経過した頃、私たちの車は鬱蒼とした熱帯雨林が生い茂る国立公園の中に入った。

この地域一帯でも武装勢力が活動しており、現地の職員は「**熱帯雨林の中では、運が良ければゴリラに、運が悪ければゲリラに出会える**」と冗談めかして言った。野生のゴリラを見たいという気持ちもあったが、武装勢力との遭遇は何としても避けなければならない。何より、道中で車がスタックしないことを祈りつつ、私たちは薄暗い熱帯雨林の中を慎重に進み続けた。

国立公園内には、10分おきに政府軍の検問所が設けられていた。私たちの車は幸運にも止められることはなかったが、道行く他の車やバイクが頻繁に止められ、荷物チェックを受けている様子が何度も目に入った。

紛争地では、軍人や検問所を撮影することは厳禁だ。スパイ容疑をかけられ、拘束・尋問され、解放のために多額の賄賂を要求されるリスクがあるためだ。そのため、ブカブを出発する前に、私はドライバーと一つの合言葉を決めた。「マタタ」だ。

「ハクナ・マタタ」という言葉を聞いたことがあるだろうか。スワヒリ語で「問題ない」という意味で、ディズニー映画の『ライオン・キング』を通じて広く知られるようになった言葉だ。スワヒリ語で「ハクナ」は「ない」、「マタタ」は「問題」を意味する。

つまり、「マタタ」は「問題だ」を指す合言葉というわけだ。視力が良いドライバーが、遠くにある検問所を見つけると、車内からカメラを回している私に「マタタ」と合図を送る。そのたびに私はカメラを座席下に隠し、慎重に状況をやり過ごす。

ちなみに、私も視力には自信があった。以前はコンタクトレンズを使用していたが、コンゴでは衛生的な水を確保するのが難しいため、日本でレーシック手術を受けてから取材に臨んでいたからだ。しかし、それでも現地のドライバーの視力には敵《かな》わない。
こうして、「マタタ」のたびにカメラを隠すやり取りを何十回と繰り返しながら、私たちはカロンゲに向かって熱帯雨林の中を移動し続けた。

タイヤがぬかるみにスタックしそうになるたび、心臓が激しく鼓動する。車が凸《でこ》凹《ぼこ》の道で大きく揺れるたびに、全身が緊張で硬直する。検問所が視界に入るたびに、ドライバーの合図で瞬時にカメラを隠す。カロンゲまでの道のりは、物理的な困難だけでなく、精神的にも極限の緊張を強いられる旅だった。

それでも、私たちは前進し続けた。薄暗い熱帯雨林の中、車のエンジン音だけがあたりに響く。無事にカロンゲへとたどり着けるのか、未知の恐怖と隣り合わせの移動だった。しかし、この道の先に待つ現実を目にするためには、越えなければならない試練だった。

やがて熱帯雨林を抜けると、視界が一気に開け、緑豊かな丘が広がるカロンゲの景色が目に飛び込んできた。険しい道を越えてたどり着いた先に広がるその光景に、私は胸の中に湧き上がる安堵と達成感を感じた。

紛争の地・カロンゲに広がるのどかな景色

ブカブからの長時間の移動を終え、ようやくカロンゲに到着した。私たちが乗っていたランドクルーザーは、前日の雨でぬかるんだ道を進んだため、車体は土と泥でひどく汚れていた。

狭い車内でガタガタ道を進み続けたせいで、足は痺《しび》れ、体は疲労困憊《こんぱい》だった。地面に足をつけた瞬間、私は心の底からの安堵を感じた。緑豊かな丘に囲まれたカロンゲの景色は、まるで別世界のようで、深呼吸をすると、冷たく澄んだ空気が肺に染み渡り、全身に広がっていく。

カロンゲは標高が高く、この日の気温は20度にも満たなかった。肌に触れる空気は清涼で、寒ささえ感じられるほどだった。まるで夏の避暑地、軽井沢にでも来たかのようだ。カロンゲという名前に漠然とした恐怖を抱いていたが、その美しくのどかな風景に、思わず拍子抜けしてしまった。

しかし、この地の平穏は表面的なものにすぎないと、小川は私に語る。この地域には、かつての自警団から派生したライア・ムトンボキという武装勢力が潜んでいるという。彼らは日中は目立った活動を控えるが、夜になると幹線道路沿いで襲撃を行い、道行く人々から金品を略奪する事件が起きている。紛争地で何度も耳にした現実が、再び私の心に重くのしかかった。

私たちが休憩していると、地元の女性や子どもたちが近寄ってきた。彼女らは裸足《はだし》で、着ている服はボロボロだった。子どもの一人は異様に膨らんだお腹をしており、それが栄養失調による腹水だとすぐに気づいた。たんぱく質が極端に不足することで、血管から水分が漏れ出し、お腹に溜《た》まるのだ。その姿は、この地が抱える厳しい現実を痛感させるものだった。

自然に恵まれたカロンゲは、緑が豊かで土壌も肥沃だ。農作物は何でも育つはずの地であり、本来ならば、穏やかで豊かな生活が営まれている。しかし、長年にわたる紛争がこの地を覆い、その豊かさを奪い去ってきた。**目の前に広がる美しい景色の背後には、見えないところで続く紛争がある。**そのギャップが私の心に深く刻まれた。

この地に立つと、一見穏やかな時間が流れているように思える。しかし、現実は違う。この美しい風景の背後には、命を懸けて生きる人々がいる。のどかな景色と、見えないところで進行する紛争。この二つの現実が交錯するカロンゲで、私はこの国が抱える複雑な現実に再び向き合うことになった。

現地の職員はなぜ武装勢力の信頼を得たのか

カロンゲの村を車で移動している間、私たちは政府軍の兵士だけでなく、銃を携帯した民兵とも何度かすれ違った。彼らの姿はこの地の日常風景の一部となっており、私たちも彼らに不信感を抱かせないよう、慎重に行動せざるを得なかった。

ドライバーが民兵を見かけるたびに「マタタ」という合図を送り、そのたびに私はカメラを座席下に隠す。カロンゲに滞在する間も、この作業を幾度となく繰り返したが、幸運にも毎回何事もなく彼らの横を通り過ぎることができた。

しかし、一度だけ心臓が止まりそうな瞬間があった。テラ・ルネッサンスが支援している小学校に向かう途中、村の中心部から外れた場所を車で移動していた時のことだ。視界の悪い角を曲がった瞬間、前方100メートルほどの距離に、銃を携行した若者たち5人が横いっぱいに広がり、私たちの車に向かって歩いてくるのが見えた。まるで道を塞ぐかのようにして。私は角を曲がる直前までカメラを回していたため、ドライバーの「マタタ」という合図も間に合わなかった。アフリカの人々は視力が良い。カメラを回していることに気づかれたかもしれない。そんな不安が胸をよぎる。

若者たちは道を譲る気配を見せず、私たちの車は徐々にスピードを落としていく。車内には緊張が張り詰め、私の心臓は激しく鼓動を打ち始めた。「これはまずい、カメラを奪われるかもしれない」「メモリーカードだけでも抜いておくべきか」などと、一瞬の覚悟がよぎる。そんな時、ドライバーが窓を開け、テラ・ルネッサンスの現地職員が穏やかに挨拶を送った。すると、若者たちは笑顔を返し、その瞬間、重苦しかった空気が一気に和らいだ。

短い時間ではあったが、現地職員と武装勢力の若者たちは現地語で会話を交わし、そのやり取りの中で笑い声も上がった。私は何を話しているのか理解できなかったが、会話は終始和やかなものであり、別れの挨拶を交わして、何事もなかったかのようにその場を後にした。

後で聞いたところによると、その若者たちの中には、現地職員と顔馴染みの者がいたという。**このような紛争地で安全に活動を続けるためには、現地での信頼関係の構築が何よりも重要だ。**テラ・ルネッサンスのような日本の支援団体が、なぜ20年もの間この地で活動を続けてこられたのか。その理由について、小川は次のように言う。

「武装勢力にいた若者や子どもたちが、私たちの技術訓練を受けて社会復帰を果たしてきたからだ。その結果、武装勢力からも一定の信頼を得ているため、活動を続けることができている。ただし、信頼関係が築かれていても、緊張が完全に消えることはない。私たちは武装勢力の司令官たちに対しても、拘束されている子どもたちの解放を求め続けている。信頼と緊張が微妙に交錯する中での活動であるため、リスクが完全になくなることはない」

このような武装勢力はカロンゲ以外の地域にも存在するが、その性格や行動は地域ごとに異なる。私たちが滞在していたカロンゲの隣にあるシャブンダという地域の武装勢力については、テラ・ルネッサンスも十分な情報を持たず、つながりもない。彼らは地元住民に対して強奪や虐殺行為を行っているとも報告されており、私たちはシャブンダの武装勢力とは接触しないよう細心の注意を払っていた。

この地で活動することは、常に危険と隣り合わせだ。しかし、その中でもテラ・ルネッサンスは現地の人々との絆を大切にし、少しずつ信頼を築き上げてきた。その信頼が、私たちを守る盾となり、今もこの地での活動を支えている。

偶然叶った司令官への取材

先にも述べたように、ライア・ムトンボキという武装勢力は、もともと地元の自警団から派生した組織だ。「ライア・ムトンボキ」は、スワヒリ語で「怒れる市民」を意味する。

25年以上も続くコンゴ東部の紛争、そしてそれに伴う汚職や不正が蔓延するこの地域では、政府軍が必ずしも「正義の味方」というわけではない。むしろ、政府軍による住民へのレイプや迫害といった報告も多く、地元の人々が自らの身を守るために銃を手にするのは、ある意味で当然の成り行きだった。こうした背景の中で生まれた武装勢力が、この地域で活動するライア・ムトンボキであり、彼らは村人たちと共存しながら生活している。

何が正義で、何が悪なのか、簡単には割り切れない現実。**彼らにも戦う理由があり、銃を持たざるを得ない事情があるのだ。**紛争が続く土地の複雑さを目の当たりにし、その深刻さに胸が締め付けられる思いだった。

テラ・ルネッサンスが支援している小学校を訪れていた際、一人の男性が私たちに歩み寄ってきた。40代前半ほどで、前歯が抜け落ちた笑顔が印象的な彼だが、迷彩柄の服が私の視線を引く。紛争地で迷彩柄を着ている人物は、通常、軍人かそれに準ずる者だ。

驚いたことに、彼はライア・ムトンボキの司令官だった。その司令官が自ら挨拶に来てくれたのだ。スワヒリ語とフランス語を交えながら「ジャンボ（こんにちは）」「サバ？（元気？）」と挨拶を交わし、握手をした瞬間、私の中にあった「武装勢力」という言葉に対するイメージが一変した。

映像の撮影とインタビューの許可を得た私は、司令官にライア・ムトンボキが戦う理由を尋ねた。彼の答えは簡潔かつ明快だった。「**自分たちの土地を守るためだ**」。特にこの地域では、隣国ルワンダからの勢力が進攻してくることがあり、それに対抗するために彼らは武器を手に取っているのだ。

司令官の周りには、まだ若い青年たちも立っていた。ニット帽をかぶり、小型ラジオを手にしていた18歳の青年に「なぜライア・ムトンボキに加わったのか？」と聞くと、彼も同じ答えを繰り返した。
「生まれ育ったこの村を、ルワンダの侵攻から守るため。それ以外の理由はない」

武装勢力に所属しているとはいえ、彼らの多くは農業や小規模なビジネスを営み、普段は村の生活を送っている。そして、近隣地域からの侵略の脅威があった時だけ銃を手に応戦する。**彼らは戦うためだけに存在しているわけではないのだ。**

コンゴ東部に来る前、私は本やインターネットで得た情報だけを頼りに、この地域を理解しようとしていた。その時、私の中で「武装勢力」という言葉を、一つの単純なカテゴリーとして捉えていた。彼らは無秩序で危険な存在として、ただ恐怖の対象でしかなかった。しかし、実際に現地に足を踏み入れ、その場の空気を感じ、彼らと顔を合わせると、その認識がいかに浅薄であったかを思い知らされる。

現地の状況は、私がこれまで抱いていた単純なイメージとは大きく異なっていた。紛争が続くこの地では、何が善で、何が悪かを一概に断じることは難しい。武装勢力という存在もまた、彼らなりの理由や背景を持って形成されていることが次第に見えてきた。
もちろん「武装勢力」とひと口に言っても、コンゴ東部には120を超える勢力が存在し、その性格もさまざまである。同じ自警団から派生した勢力の中にも、人権侵害や組織的なレイプ事件に関与するグループがあるのも事実だ。その多面性こそが、コンゴ東部の紛争を複雑で、理解しがたいものにしているのだろう。

しかし、少なくとも私がコンゴ東部で出会った司令官や若い民兵の姿は、当初私が「武装勢力」という言葉に抱いていたイメージとは、大きく異なるものだった。**彼ら一人ひとりにも、名前があり、それぞれの人生がある。**家族や友人を持ち、自分たちの土地や生活を守ろうとしている。その目には決意と同時に、葛藤が映し出されているように感じられた。彼らの葛藤を目の当たりにすることで、私もまた、自分の偏見と向き合わざるを得なかった。

同行していた小川は、「私でさえも、普段は彼らと話をすることはほとんどない。こうして司令官にインタビューができるのは非常に珍しい」と驚きを隠さなかった。

私は、この撮影とインタビューを通じて、多くの人々が「武装勢力」や「紛争」に対するイメージを変えるきっかけになることを期待した。もしかしたら、この映像を観た人々が、コンゴ東部の現実をもっと身近に感じるようになるかもしれない。そんな希望が胸に湧き上がった。

しかし、小川と話し合った結果、最終的に司令官の映像をユーチューブで公開することは断念した。その理由は、司令官の身の安全を守るため。顔や声が敵勢力に認識されれば、彼は標的にされるリスクが高まる。モザイクや音声加工を施すことも考えたが、結局はそのリスクを完全に排除することはできないという結論に至った。映像を公開することで届けられる価値以上に、彼の命の重さを尊重しなければならない。

私がコンゴ東部の取材で伝えたいのは、紛争の現実と、その中で懸命に生きる人々の声だ。しかし、もしその声を伝えることが命の危険を伴うのであれば、どんなに貴重な証言であっても、それを公開する際には細心の注意を払わなくてはならない。

真実を追い求めるジャーナリズムの使命と、彼らの日常を壊したくないという思い。その二つの狭間で、私は深い葛藤を抱えた。

「紛争鉱物」の象徴・金が採れる鉱山へ

熱帯雨林を抜けた先に広がるカロンゲ。そこでは電気も水道もなく、インターネットも通じない。アフリカ大陸の都市部では経済成長が進み、インフラも整備されつつあるが、ここコンゴ東部では、長引く紛争がその発展を頑《かたく》なに阻んできた。外界から隔絶されたこの地に外国人が長期間滞在するのは、非常にリスクが高い。それでも、私たちはこの地で4日間を過ごし、その最終日に最も過酷な取材に挑んだ。

カロンゲ周辺には、タンタル、スズ、そして金などの貴重な鉱物が豊富に存在している。武装勢力はこれらの「紛争鉱物」から得た資金をもとに、長年にわたる闘争を続けてきた。

滞在最終日、私たちはその金が採れるという鉱山へと向かうことにした。小川は出発前、私にこう警告を発した。「鉱山の取材には、命の危険が伴う。カロンゲ周辺には、武装勢力や政府軍の支配下にある鉱山もあり、その利権を侵す者に対しては容赦がない。慎重に行動しなければならない」と。

しかし、私たちが目指す鉱山では、テラ・ルネッサンスがかつて支援した若者たちが働いており、比較的安全だとされていた。それでも、この地で取材を行うには、現地住民との強いつながりが必要不可欠であることを再認識させられた。

ランドクルーザーに乗り込んだ私たちは、緊張感を胸に宿舎を出発した。前夜の大雨がもたらしたぬかるみが、道をさらに過酷なものにしている。金鉱山へ向かう途中、泥に埋まり動けなくなった大型トラックを見かけた。昨夜からそのまま放置されているようだ。人力では到底動かせない。

「このトラックは、あと何日間放置されたままなのだろう」

そんなことを考えながら、私たちは金鉱山に続く道を進んでいった。

崖沿いの細い道を慎重に進む車内では、武装勢力に襲われる恐怖以上に、崖からの転落の恐怖が心を支配する。ドライバーの熟練したハンドル操作で何とか進んだ先で、私たちは車を降りることになった。そこから先は、車が入れる道は存在しない。周囲には緑に覆われた穏やかな風景の丘が広がっているが、その静けさが、かえって私の不安を増幅させる。

鉱山で働く若者たちに導かれ、私たちは草木が生い茂る茂みの中へと足を踏み入れた。毒虫や毒蛇の恐れが頭をよぎる。若者たちの軽快な足取りに対して、山道を歩き慣れていない私は、激しく息が上がり始めた。それでも、一面に広がる緑の美しさが、わずかに私の心を和らげてくれた。

約30分の道のりを経て、私たちは最後の難関に差し掛かった。目の前には高低差50メートルほどの急斜面が広がり、その下には金を採掘する若者たちの姿が小さく見える。ここを下りる以外に、金鉱山へたどり着く方法はない。ここまで来るともはや道は消え失《う》せ、草木が生い茂る中を慎重に進むしかなかった。足元はぬかるみ、滑りやすい状況が続く。

カメラを回しながらの移動は、予想以上に困難を極めた。何度も足を滑らせそうになり、そのたびに現地職員の助けを借りて体勢を立て直す。15分かけてようやく斜面を下り切ったときには、すでに体はクタクタだった。

金鉱山で働く一人の少年に話を聞いてみた

その場所は「金鉱山」と呼ぶにはあまりにも素朴だった。小さな川のほとりで、若者たちが素手や簡易的な道具を使い、泥の中からわずかな砂金を探しているにすぎない。

到着した直後、彼らが私たちに見せてくれた砂金は、昨日採れたばかりのものだという。小さな葉に包まれていたそれは、数グラムにも満たない量だった。これで得られる報酬は、わずか300〜450円程度。そのために、彼らは命を削るような労働に従事している。

彼らは、雨で増水した川の脇で、泥に身を沈めながら作業をしていた。泥水は深さがわからず、足を取られれば命を落としかねない。鉱山で働く若者たちは皆、長靴を履いているが、服装はあまりにも簡素だ。中には下着1枚で作業をしている青年もいる。現場を監督する人もおらず、もちろん「安全第一」の看板もない。

その中には、まだ幼さが残る17歳の少年がいた（写真左）。彼がこの鉱山で最年少の労働者だった。国際労働機関（ＩＬＯ）が「最悪の形態の児童労働」として禁止している鉱山労働だが、現場ではそのルールが守られることはない。彼のように、**生きるために鉱山で働かなくてはならない子どもが、コンゴには他にも無数にいる。**

彼に話を聞いた。その小柄な体には、飛び跳ねた泥がところどころ付着している。しかし、彼の表情にはまだどこかあどけなさが漂っていた。

彼はここで働く年上の労働者たちを補佐する役割を担っている。小学6年生まで学校に通っていたが、14歳の時に学業を諦め、この鉱山での仕事に就いた。「この

仕事はどうですか？」と尋ねると、彼は少し考え込み、静かに答えた。「寒い日は、水に濡《ぬ》れるのが辛い。マラリアにかかることもあるし、腰も傷めてしまって……」。その声には、疲労と諦めが滲《にじ》んでいた。

彼の月収はわずか1600円。鉱山での過酷な労働を考えると、想像を絶するほど少ない金額だ。このわずかな収入で、彼は自分と家族を支えようとしている。

「将来の夢は何ですか？」と最後に尋ねると、彼は一瞬目を伏せ、そして小さな声で答えた。

「もう一度学校に戻って勉強した

い。医者になりたい……」
その言葉には、かすかに残る希望が感じられたが、現実の厳しさがその光を薄れさせているようだった。

紛争の現実が若者から人生の選択肢を奪う

カロンゲのようなコンゴ東部では、長引く紛争の影響で、鉱山採掘以外の仕事がほとんど見つからない。特に、戦闘が激しい近隣の地域から避難してきた人々は、自分たちの土地を持たないため、農業で自給自足の生活を営むこともできず、日々の糧を得る手段として、鉱山での労働を余儀なくされている者も多い。

鉱山での労働は過酷だ。泥と汗にまみれながら、彼らは素手で鉱物を掘り出すが、その労働に対する報酬はわずかだ。武装勢力や政府軍の兵士たちが、不正や汚職を背景に、採掘された鉱物を安く買いたたく。まるで「上納金」のように、売り上げの一部を絞り取られることも珍しくない。最近では、世界的な低金利や国際情勢の悪化によって金の価値が高騰しているが、その恩恵を最も上流で採掘している彼らはほとんど受けられていない。

「こういった鉱山は、この地域にいくらでもある」と、現地で活動するテラ・ルネッサンスの小川は語る。彼の言葉には、現場の厳しさが滲んでいた。

「危険と知りながらも、鉱山で働く若者が後を絶たない。生活の糧を得るために、自ら武装勢力に加わる若者も少なくない。国際的な規制を設けることは必要かもしれないが、現実には、他に選択肢がない以上、彼らはこのような危険な場所で働かざるを得ない」

小川の目は、その現実を痛切に訴えていた。

「彼らだって、危険な鉱山労働や武装勢力に加わることを望んでいるわけではない。本当は、農業で自給自足したり、小さなお店を経営したり、そういった『普通』の仕事をしたいと願っている。しかし、その『普通』が彼らには存在しない。だからこそ、単なる規制にとどまらず、彼らが他の仕事、つまり人間らしい仕事に就ける環境を整える必要がある。ディーセントワーク（働きがいのある人間らしい仕事）――それがない限り、若者たちが危険な道を選ばざるを得ない現実は変わらない」

彼の言葉の奥には、現場での無数の出会いと、その中で感じた焦燥感が見え隠れしていた。テラ・ルネッサンスは、技術訓練を通じて若者たちに新たな未来を提供しようと尽力しているが、その努力にも限界がある。

紛争鉱物として知られるタンタル、スズ、金などは、長らく武装勢力の資金源となってきた。この問題に対して、国際社会は規制を設け、解決に向けた取り組みを進めてきたが、規制だけでは現場の根深い問題を解決することはできない。

現実は、机上の空論では測りきれない。理屈通りに進まない現場の複雑さを前にして、私はどうしても問いかけずにはいられなかった。果たして、国際社会のリーダーたちは、この地で繰り広げられる厳しい現実をどれほど理解しているのだろうか。高層ビルの会議室で交わされる政策議論と、コンゴの鉱山地帯で生き延びるために奮闘する人々の暮らし。その間には、決して埋めることのできない深い溝が横たわっている。どれだけ理想的な解決策が描かれても、それが現場の実情に即することは難しい。

この地で耳にした声を、一人でも多くの人々に伝えること。それが、今の私にできる唯一のことだと、自らに言い聞かせる。カロンゲの澄み切った空気を深く吸い込み、決意を新たにするものの、その決意が厳しい現実に打ち砕かれそうになるのを、どうしても感じてしまう。目の前に立ちはだかる壁はあまりにも高く、問題の根深さに圧倒される。胸の奥底から湧き上がる無力感が私を包み込み、行き場を失った感情が静かに心を沈ませていく。

ジョゼフ・コンラッドの『闇の奥』（黒原敏行訳、光文社古典新訳文庫）には、こんな一節がある。

「どんな経験であれ、生で感じたままを他人に伝えるのは不可能だ——生の感覚こそが、その経験の真実であり、意味であり——捉えがたい深い本質なんだが。不可能なんだ」

私がこの地で目にしたこと、耳にしたこと、そして胸に抱えた感情のすべてを正確に伝えることはできないだろう。それでも、その不可能性を承知のうえで、私は伝えようと必死に足掻《あが》いている。**伝えるという行為そのものが、この現実に立ち向かうために、自分に与えられた役割だと信じているからだ。**

車に乗り込み、私たちは金鉱山を後にした。窓の外に広がる風景の中で、無邪気に遊ぶ子どもたちの姿が目に飛び込んでくる。その小さな瞳の奥に、どんな未来が映し出されているのだろうか。

彼らが幸せな未来を手にすることができるように――その祈りは、私の胸の奥で静かに渦巻いていた。だが、その祈りが届くかどうかは定かではない。それでも、私は願わずにはいられなかった。彼らの未来が、この「闇の奥」にあっても、どうか光に満ちたものでありますように、と。

第2章

現実を知った者の責任

——国際協力師として生きる

「純ジャパ」が国際協力に興味を抱くまで

アフリカの紛争地や貧困地域をはじめ、世界各地の社会問題を取材し、ユーチューブで発信する――それが私の仕事だ。

この仕事をしていると、「幼い頃から海外に興味があったのですか？」と聞かれることがよくある。しかし、実際には全くそうではない。大学に入るまで、私は海外経験はほとんどなく、普通の日本人として日々を過ごしていた。勉強と運動はそこそこできたが、特別な夢や希望を抱くこともなく、ただ淡々と毎日を送っていた。

私が青春時代を過ごしたのは、神奈川県にある私立中高一貫の逗子《ずし》開成中学校・高等学校。海が近く、潮風が心地よく吹くこの学校での生活は、今でも鮮やかに思い出せる。部活動と勉強に全力を注ぎ、仲間たちと共に汗を流した6年間は、かけがえのない青春そのものだった。

中学・高校時代を振り返ると、私はクラスの中でも少し変わった存在だったように思う。特に、歌うことが好きでたまらなかった。高校3年生の受験追い込み期、教室中が静かに自習に励んでいる時でさえ、私は一人、大きな声で歌っていたのだから。

最初は「なんで今歌うの？」という視線が痛かったが、いつの間にか、誰も私が歌っていることを気にしなくなった。それどころか、歌がそこそこ上手だったせいもあって、仲の良い友人からは「貫太の歌はもはや教室のＢＧＭだな」と冗談交じりに言われていた。

逗子開成は、文武両道の精神が息づく進学校だった。「勉強と部活、両方で結果を出すことこそが、最も価値のあることだ」――当時の私はそう信じて疑わず、その目標に向かってただひたすら走り続けていた。そして、その先に見据えていたのは「良い大学に進むこと」。少なくとも当時の私は、それこそが人生のゴールだと思い込んでいた。今のように「フリーランス国際協力師」として未知の道を切り開いていく自分の姿など、想像すらできなかった。あの頃の私は、他の同級生と同じように、誰かが敷いたレールの上をひたすら走ることに必死だった。

私は体育会系の水泳部に所属していた。毎日の厳しい練習は体だけでなく精神も鍛え、疲労困憊の中で勉強に励む日々だった。特に高校に進学してからは、大学受験が現実味を帯びたことで、勉強と部活の両立で毎日必死だった。毎晩遅くまで練習し、帰宅後も深夜まで机に向かう。我ながら、本当にストイックだったと思う。その厳しい日々が、今の私を支える礎《いしずえ》となっていることは確かだ。

しかし、当時の私は、世界の現実にはほとんど目を向けていなかった。**コンゴのことはおろか、アフリカに対する興味すら皆無だった。**私の世界は、学校と家の間の通学路がすべてであり、その先に広がる広大な現実には気づくことさえなかった。同じ地球のどこかで、同じ時間を生きる少年少女たちが、戦争や飢餓に苦しんでいる。そんな現実を、考えたこともなかった。英語も全く話せず、海外に行った経験といえば、中学3年生のニュージーランド研修と高校2年生のマレーシア研修だけ。いわゆる「純ジャパ」だった。

逗子開成を卒業する頃、私の「夢」は英語科の教員になることだった。深い理由があったわけではないが、高校時代に英語の先生に影響を受けたことや、英語の勉強が楽しかったこと、そして高校3年生の進路面談で担任の先生から「原くんは教員なんか向いているんじゃないかな」と勧められたことから、その道を選んだ。いずれ英文科に進むことを見越して、早稲田大学の文学部に進学した。

大学1年生の頃、私はサークルにも入らず、勉強とバイトに明け暮れる日々を送った。周りの学生たちが楽しそうにサークル活動に励む姿を見て、「自分はいつか海外留学するのだから、今はそのために勉強と貯蓄に励むべきだ。遊んでいる場合じゃない」と自分に言い聞かせる。そうやって毎日、ほとんどの時間を一人で過ごしていた。しかし、心のどこかで彼らを羨ましく思っていたのかもしれない。友達も少なく、華やかさとは無縁の大学生活だった。

それでも、今振り返ると、その孤独な日々が私を強くしてくれたように思う。友達が少なかったからこそ、自分と向き合う時間を多く持つことができた。その結果、高校時代に抱いていた「教員になる」という夢が、本当に自分にとって最良の道なのか、もっと世界や社会を知ってから考えるべきではないかと自問するようになった。そして、次第に教員という夢は薄れていく。学部に関係なく履修できるオープン授業を受けながら、私の視野は徐々に広がり、「何か新しいことに挑戦してみたい」という気持ちが芽生えていった。

フィリピンで出会った物乞いの少女

私の人生を振り返ってみると、二つの大きな転機があったように思う。そのどちらも大学時代の出来事だった。一つ目の転機は、大学1年生の春、**フィリピンの首都マニラを訪れるスタディツアーに参加したこと**だった。

なぜこのツアーに参加しようと思ったのか、と問われるかもしれない。しかし、その動機は単純であり、決して崇高なものではなかった。

「せっかく2カ月もの春休みがあるのだから、少し海外に出てみたい」「大学に入って英語の勉強は頑張ってきたから、英語を実践的に使ってみたい」「高校時代に研修で訪れたマレーシアで感じた、東南アジアの魅力的な空気に再び触れたい」、そして「発展途上国でのボランティア経験は、就職活動の際に有利になるだろう」といった、打算的な思いもあった。正直に言えば、この最後の理由が最も大きかった。

当時の私は、国際協力に携わりたいという明確なビジョンなど持ち合わせておらず、軽い気持ちで参加したフィリピンのスタディツアーだった。現地での6日間、ストリートチルドレンへの炊き出し、スラム街の見学、孤児院の訪問など、いわゆる「お試し国際協力」に取り組んだ。

しかし、振り返ってみると、それはただの自己満足であり、発展途上国の新鮮な体験に酔いしれていただけのように思う。現地の子どもたちと一緒に写真を撮り、それをフェイスブックにアップして「いいね！」をもらう。そうやって承認欲求を満たすことに夢中になり、ツアー仲間と「どちらがたくさんの『いいね！』をもらえるか」を競い合ってすらいた。まさに「意識高い系大学生」そのものだった。

そんな浮ついた気持ちのまま、すべての活動を終えた最終日、充実感に浸りながらマニラの空港へと向かっていた時のことだ。車窓からふと外を見やると、ボロボロのワンピースを着た7歳くらいの女の子が、赤ん坊を抱えながら「お金をください」と物乞いをしている姿が目に飛び込んできた。

その瞬間、心の中で何かが音を立てて崩れ落ちたような気がした。焦りとも、悲しみとも、怒りともつかない、ただ目の前の現実を受け止めることができない感覚だけが残った。

今振り返ると、その時の経験は、私に二つの思いを抱かせた。

一つは、6日間のボランティアで何かを成し遂げたつもりになっていた自分への後悔だ。社会問題に直面しながらも、表面的な活動に満足し、本質を見失っていた自分が恥ずかしくなった。SNSでの承認欲求に溺れ、本来あるべき目的を忘れていた自分が情けなく思えた。**もっと深く、もっと本質的な課題に目を向けるべきだったのではないか**と、強く後悔した。

そしてもう一つは、「なぜ世界はこんなにも不条理なのか」という疑問だった。日本で生きる私は、当たり前のように学校に通い、食事を手に入れることができるのに、海の向こうでは、生まれた瞬間から運命が決まってしまうかのような厳しい現実が広がっている。たった数時間の飛行機の旅で、ここまで人々の生活が異なってしまうのはなぜなのか。その問いが私の心に深く刻み込まれた。

同行していた仲間たちは「ああいう現実もある」「仕方がない」と口にしたが、私はどうしてもその現実を「仕方がない」というひと言で片付けることができなかった。何かできることがあるのなら、どんなに小さな一歩でも、その現実に抗《あらが》いたい。**「仕方がない」という言葉で思考を放棄せず、その問題に向き合って生きていきたい**。そんな思いが芽生えた瞬間だった。

振り返ってみると、なぜ私は「仕方がない」で終わらせることなく、その後も行動を続けることができたのだろうと、不思議に思うことがある。

その理由を考えると、私が小学生の頃に不登校を経験したことが、少なからず影響しているのかもしれない。この経験については第4章で詳しく述べるが、当時の私は「自分がおかしいと感じたことを『そういうものだから』で片付けず、必ず何かしらの行動を起こす」という性格だった。それが、今日まで私を突き動かし続けてきた原動力であるのかもしれない。

世界の現実を伝えたいのに、伝えられない

フィリピンで物乞いをする少女と出会ったことが、私が国際協力を志した原点であると、これまで講演会やさまざまな場で語ってきた。しかし、実際には、**その出会いの後にこそ本当の原点があったのではないか**と、時折感じることがある。

あの日、フィリピンの街角で物乞いをする少女を目にした瞬間、私は言葉にできない衝撃を受けた。ボロボロの服を身にまとい、悲しげな表情を浮かべるその少女と、冷房の効いた車内から彼女を見つめる私たち。そのわずか10秒ほどの出来事

が、私の心に深い傷跡を刻んだ。何もできなかった自分の無力感、そして「仕方がない」と言い放つ他のツアー参加者との間に生まれた埋めようのない隔たり。それらすべてが私を苛立《いらだ》たせ、焦燥感で押しつぶされそうになった。

マニラの空港に到着し、トイレに駆け込んだ私は、個室の中で一人涙をこぼした。世界の広さと、己の小ささを思い知らされ、その悔しさが涙となって溢れ出た。

その時、私の心の奥底から「誰かに伝えたい」という強い衝動が湧き上がってきた。この経験を、そしてこの感情を、どうにかして言葉にしなければならない。そうしなければ、自分が壊れてしまいそうだった。

私はその瞬間の気持ちを必死でツイッター（現X）の140文字に詰め込み、発信した。それまで、自分の思いや感情を深く掘り下げ、文章にして発信するという経験はほとんどなかったが、不器用ながらも言葉を紡ぎ出し、投稿ボタンを押した。

しかし、当時のフォロワーは高校時代の友人や大学の知り合いなど、わずか

100人に満たなかった。日々の何気ない呟《つぶや》きを投稿していた大学生が、突如として世界の不条理を語り始めたところで、その言葉は誰の心にも届かない。私にとって人生観を揺さぶるほどの大きな出来事であっても、それをSNSに綴《つづ》り、発信した瞬間、タイムラインに一瞬だけ影を落とし、次の瞬間には、あっという間に消え去ってしまった。

一方で、サークルで幹事長を務める大学の友人が、同じ時期にスキー合宿の楽しげな様子をツイートしていた。その投稿には、数十の「いいね」やコメントが集まり、仲間たちの共感に包まれていた。私のツイートとは対照的に、彼の投稿は人々の心を摑《つか》んでいた。

タイムラインには、世界の不条理を嘆く私の投稿と、日常の楽しさを共有する友人の発信。人々の関心を引いていたのは、後者だった。

伝えたいのに、伝えられない。この無力感にどう対処すればいいのか。

なぜ人々は、世界の現実に目を向けようとしないのか。若さゆえの苛立ちもあっただろうが、その時に感じた「無力感をどうにかして乗り越えたい」という思いが、今も私の原動力になっているように思う。

世界には、知られなければならない現実がある。**知ってしまったからには、伝えなければならない。**その思いこそが、私を今日まで突き動かしてきた。

誘拐され、戦場に駆り出される子ども兵

振り返ってみると、私の大学時代にはもう一つ大きなターニングポイントがあった。大学3年生の冬休みに一人で訪れたアフリカ、ウガンダでの経験だ。

当時の私は、フィリピンでの経験を経て、大学の友人たちと共にストリートチルドレンの問題に取り組む学生団体を立ち上げていた。そしてアメリカの大学に交換留学し、国際関係論を学んでいた。

留学中、私は、冬休みの期間を活用し、単身でウガンダへ渡航することを決めた。学生団体での活動やアメリカでの学びを通じて国際協力への関心は高まっていたが、まだ具体的なキャリアやビジョンを描くには至っていなかった。それでも、漠然と「国際協力の分野で生きていきたい」という思いだけは確かにあった。

同時に、その道に進むのであれば、学生のうちに一度はアフリカの地を踏んでおくべきだという考えが心に芽生え、私は3週間の期間を使い、一人、大きなバックパックを背負ってアフリカへと旅立った。


アフリカ諸国の中でウガンダを選んだ理由は、「子ども兵」の問題に迫りたいという思いがあったからだ。子ども兵という「労働」は、国際労働機関による「最悪の形態の児童労働条約」によって、売春や債務奴隷などと並び「最悪の形態の児童労働」として定義されている。

大学2年生の時に立ち上げた学生団体でストリートチルドレンや児童労働の問題に取り組む中、徐々に「最悪の形態の児童労働」である子ども兵の存在に意識が向くようになった。さらに、アメリカ留学中に専攻した国際関係論を通じて、紛争や暴力にさらされる子どもたちの現実が私の中でますます鮮明になり、そのリアルに迫りたいと決意した。

子ども兵とは、あらゆる軍隊に所属する18歳未満の子どもを指す。ウガンダでは、1980年代から約20年にわたる内戦で、**3万人以上の子どもたちがゲリラに誘拐され、強制的に兵士へと仕立て上げられ、男女問わず戦場に駆り出されてきた。**

中には、誘拐された後に軍事キャンプで訓練を受け、最初の任務として自らの生まれ育った村を襲撃するよう命じられた子どもたちもいる。自らの手で家族を殺すことを強要され、帰る場所を失わされた彼らは、軍隊から脱走する意志すら奪われる。こうして、彼らは心の拠《よ》り所を奪われ、戦い続けるしかない現実に追い込まれていった。

留学先のアメリカで国際関係論を学んでいた頃の私は、特に強い想像力と感受性を持ち合わせていたように思う。英語の習得も兼ねて、イギリスのBBCなど外国メディアを通じ、世界各地で起きている紛争や人権侵害、貧困に関するニュースを日々追いかけていた。その報道を目にするたびに、私は遠い異国の出来事としてそれらを片付けることができず、どこかに自分とのつながりを見出そうとしていた。

しかし、子ども兵の問題に向き合うたび、私はそのあまりにも不条理で残酷な現実に、どこか他人事《ひとごと》のような感覚を拭《ぬぐ》い去ることができなかった。それはまるで、遠い異国で繰り広げられる悲劇を、ただ静かに、外から眺めているにすぎない自分に気づかされる瞬間でもあった。心の奥底にくすぶる違和感は、徐々に私の中で形を成されていった。

この現実を「自分とは無縁の遠い世界の出来事」として片付けることは、もはや許されない。問題意識がぼんやりとした輪郭を帯びながらも、次第に鋭利な刃のように明確さを増すにつれ、私の中にそんな使命感が芽生えていった。その思いは心に深く根を張り、揺るぎない意志となって、私を一歩前へと駆り立てた。

その数カ月前に偶然目にしていたＮＨＫの番組も、私を子ども兵の問題に引きつけた一つの要因だった。

番組では、女優の石原さとみさんがウガンダを訪れ、元子ども兵たちと心を通わせる姿が映し出されていた。その光景は、まるで遠く離れた地で必死に生きる人々の声が、私の心に直接届くかのようだった。画面越しに見つめた彼らの瞳には、深い悲しみと微かな希望が交錯していた。

番組内で紹介されていた、日本の団体テラ・ルネッサンスが行う元子ども兵の支援活動が、なぜか私の心に深く刻まれ、消えずに残り続けていた。そして、その記憶がふと蘇《よみがえ》り、私を突き動かした。

「ウガンダでの活動を見学したい」「元子ども兵から話を聞いてみたい」

その願いを胸に、テラ・ルネッサンスに連絡を取ったところ、幸運にもその許可が得られた。

そして、2015年12月31日。ウガンダに向け、大晦日《おおみそか》にニューヨークを出発した私の胸には、期待と不安が入り混じる複雑な感情が渦巻いていた。機内で新年を迎え、静かにその瞬間を噛みしめながら、私はこれから足を踏み入れるアフリカの大地に思いを馳《は》せた。

「ウガンダで、どんな出会いが待っているのだろうか？」

初めてのアフリカ。それは私にとって未知の世界であり、同時に自分自身と深く向き合い、人生を大きく変える旅の始まりでもあった。

従軍させられた元少女兵アイーシャ

「拘束されたその瞬間から、茂みの中での生活が始まりました」

そう静かに語り始めた彼女が、私の人生で初めて出会った元子ども兵だった。

ウガンダの首都カンパラから地元の人々が利用するバスに乗り込み、約7時間の道のりを進む。目的地は、ウガンダ北部最大の町グルにあるテラ・ルネッサンスの事務所だ。

２０１6年1月、私がその地を訪れた時、北部の風景には20年以上にわたる紛争の傷跡が刻まれていた。貧困が人々の生活を覆い、訪れる外国人の姿はほとんど見られない。その町は、日本人の大学生が単身で滞在するには適していない場所だった。だが、私はその環境に一人で足を踏み入れ、テラ・ルネッサンスの支援を受ける元少女兵アイーシャ(仮名)と出会った。

アイーシャに会うまでの間、私はストリートチルドレンや孤児院で暮らす子どもたちを何度も取材し、彼らの物語を記録してきた。その経験を重ねるたびに、「どれだけ大変な状況にある人であっても、冷静に、落ち着いて向き合おう」と自分に言い聞かせてきた。

しかし、目の前に座る「元少女兵」の彼女を前にした時、その決意は脆《もろ》くも崩れた。アイーシャが語り始めた瞬間、私の手は震え、メモを取るペンが重く感じられたのだ。彼女の過去が放つ重さと、その声に宿る痛みに、私の心は深く揺さぶられた。

それでも「彼女の物語を記録しなければならない」という使命感が、私を奮い立たせた。その時はまだ、彼女の声が私をアフリカに深く関わらせるきっかけになるとは、微塵《みじん》も想像していなかった。

過酷な環境と死の恐怖に怯えた14年間

2000年12月19日の真夜中。当時12歳だったアイーシャは、反政府ゲリラである「神の抵抗軍（LRA）」によって誘拐された。

「1日中、重い荷物を背負わされ、森の中を走り続けました。休息は夜にわずかに与えられるだけ。本当に辛い日々でした」

「水も食料もなく、常に戦闘が続いていました。いつ死んでもおかしくないという恐怖の中で生きていました」

LRAでの日々は、彼女にとって想像を絶する厳しさだった。生きるために強いられたのは、過酷な環境と、耐えがたい行為への「慣れ」だ。目の前で次々と、人々が命を奪われていく。その現実にさらされながら、LRAはアイーシャに「兵士」としての役割を押し付け、彼女の心を蝕《むしば》んでいった。

2000年から2003年までの3年間、彼女はLRAの一員として、北部ウガンダの茂みをさまよい続けた。しかし、ウガンダ政府軍によるLRAの掃討作戦が激化すると、ウガンダ国内にとどまることが難しくなる。2004年、彼女たちは四度にわたり、拠点をスーダンへと移動せざるを得なかった。

「スーダンでは、とても長い距離を歩かされ、4日間も続けて移動したこともありました」

だが、スーダンでさえも彼女たちに安息を与える場所ではなかった。越境してきたウガンダ政府軍の追撃を受け、さらに隣国のコンゴ民主共和国へと逃れた。日夜、LRAと共に行動し続けたその生活は、若いアイーシャにとって、言葉では言い尽くせないほどの苦しみだった。

コンゴ民主共和国に滞在していた時、アイーシャは一度、命がけで脱走を試みた。しかし、その試みには計り知れないリスクが伴っていた。もし失敗すれば、彼女を待ち受けるのは残酷極まりない罰だ。上官たちは、他の子ども兵たちに恐怖を植え付けるため、脱走しようとして捕まった者に対し、見せしめとして厳しい制裁を加える。それは時に、命をも奪いかねないものだった。

「ある夜、他の仲間と共に脱走を試みましたが、捕まり、鞭《むち》で200回打たれました。それ以降、脱走することは諦めました」

コンゴの密林を、LRAと共にさまよう日々が続いていたある日、彼女のお腹に新しい命が宿った。多くの少女兵たちは、反政府軍の兵士と強制的に結婚させられ、望まぬままに母となることを強いられる。中には、HIVに感染し、帰還後にエイズを発症する者もいる。彼女たちは「穢《けが》れた存在」として周囲から差別や偏見を受け、コミュニティから疎外されることで、社会復帰の道がさらに険しいものとなってしまう。

「幼い子どもを抱えながら、政府軍のLRA掃討作戦から逃れるために茂みを走るのは、とても辛いものでした」

アイーシャは、静かにそう振り返る。子どもを胸に抱き、銃を担ぎ、最低限の身の回りの物を背負って、密林の中を走り続ける。その過酷さは、言葉では表しきれないものだった。アイーシャのひと言ひと言に、耐えがたい重荷を背負わされた若き母親の苦しみが滲み出ていた。

コンゴから中央アフリカ共和国へ、そして再びコンゴへと移動を繰り返す。そんな絶え間のない逃避生活が長く続いた。

２０１４年、ようやく彼女はウガンダ政府軍によって救出された。「少女兵」としての過酷な生活を強いられ、実に14年という月日が経過していた。

救出後の生活は、それまでの過酷な日々とは、まるで別世界だと彼女は語る。

「ここでは、人々が互いの権利を尊重し合っています」

かつては何も言うことが許されず、ただ上官の命令に従うしかなかった。荷物を運べと言われれば運び、村を襲えと言われれば襲った。命令に背けば、命の危険さえある厳しい罰が待っていた。

「拘束から解放され、戻ってきた時、私には3人の子どもがいました。持ち物は何一つありませんでした。それでも幸せでした。拘束から逃れられた、ただそれだけで幸せでした」

「タガタメ」に人は戦い続けるのか

アイーシャへのインタビューが終わった後、私は彼女に何と言葉をかけるべきなのか、全くわからなかった。「自分とは無縁の遠い世界の出来事」と思っていた子ども兵の現実が、今、確かに私の目の前にある。その事実に、心が追いつかない。彼女の語る過酷な情景を想像しようと努力したが、まるで映画を観ているかのように、どこか「外」からその光景を頭の中に描いているにすぎなかった。

国際協力の世界ではよく「他人の苦しみに寄り添い、『共感』することが大切だ」と言われる。しかし、アイーシャの経験は私の日常からあまりにもかけ離れていて、「共感」という言葉すら陳腐に感じられた。

インタビューが終わった後、私は彼女に向かってただひと言、「話してくれてありがとう」と声をかけることしかできなかった。

その晩、私はアイーシャから聞いた話を頭の中で何度も反芻《はんすう》してしまい、なかなか眠りにつくことができなかった。トイレも風呂もない1泊1000円の安宿で、蚊帳《かや》の中に身を包み、天井を見つめながら考えた。

「彼女が子ども兵として過ごしていた期間、私は日本で何をしていただろう」

「彼女はいったいどんな思いで今日のインタビューに応じてくれたのだろう」

「なぜこの世界は、これほど不条理なのだろう」

大好きなMr. Childrenの歌『タガタメ』を聴きながら、一人静かに、涙を流した。


北部のグルから南部の首都カンパラに戻る日。テラ・ルネッサンスのウガンダ事務所に立ち寄って挨拶をした時、私はこう告げた。「I will be back」、また必ず戻ってきます。何の根拠も、予定もなかった。だけど、いつか私は必ず、この場所にまた戻ってくる。そんな予感が心に芽生え、自然と口から出た言葉だった。

それから9年が経った今も、私はアフリカに足を運び続けている。アイーシャとの出会いが、私をこの大陸に引き寄せ、深く関わらせることになったのは間違いない。彼女が語ってくれた苦難の物語は、私の心に深く刻まれ、私の人生を大きく変えるきっかけとなった。

約束を果たすため、再びウガンダへ

アイーシャとの出会いから約1年が経った頃、私は再びウガンダの地に足を踏み入れようとしていた。この渡航には、二つの大きな理由があった。

一つ目の理由は、アイーシャの苦しみを聞いた者としての責任だった。彼女の苦しみを目の当たりにしたからには、自分にできることを探さなければならない。そんな責任感が私の中に芽生えていた。そして、私なりに導き出した答えが、テラ・ルネッサンスのインターンとして現地で活動することだった。

アイーシャの言葉に触れ、彼女が経験した子ども兵としての過酷な過去を知った私は、もはや傍観者でいることは許されない。その苦しみを共有した者として、私は何かしらの形で彼女たちのために動かなければならなかった。それが、インターンという形でもう一度ウガンダに赴くことだったのだ。

二つ目の理由は、私自身の進路に対する模索であった。アメリカでの留学を終え、大学4年生となった私は、次第に卒業後の進路を真剣に考えるようになっていた。この頃には国際協力の分野で働くことを心に決めていたものの、具体的な道筋はまだ見えていなかった。そのため、プロフェッショナルな現場での経験を通じて、自分が進むべき方向性を見つけたいと強く願っていた。

学生時代に立ち上げた団体でのボランティア活動も貴重な経験ではあったが、国際協力を仕事にするという明確なビジョンを持つためには、より実践的な場での経験が不可欠だと感じていたからだ。

大学を休学し、テラ・ルネッサンスの国内事務所で1日8時間、週5日のフルタイム勤務を1カ月間こなした後、2017年の年明け早々に、私は再びウガンダへと飛び立った。

現地では、元子ども兵たちが職業訓練を受ける施設で彼らのサポートに携わり、事務会計などのバックオフィス業務も任された。さまざまな業務を通じて、国際協力という仕事の理想と現実に日々向き合いながら、彼らの未来に少しでも貢献できるよう努めていた。

南スーダン難民の人々にも心を揺さぶられた

ウガンダに滞在していた頃、元子ども兵たちの支援活動に加え、私の人生に大きな影響を与えたもう一つの出来事があった。**当時ウガンダ北部に避難していた、南スーダン難民たちとの出会いだ。**

ウガンダの北には、南スーダンという国が隣接している。南スーダンは2011年7月に北のスーダンから独立し、「世界で最も新しい国」として誕生した。

しかし、独立の喜びは長く続かなかった。わずか2年後の2013年12月、当時の大統領サルバ・キールと副大統領リエック・マチャルの権力闘争などを原因に、国は内戦の渦に巻き込まれた。2015年には和平協定が結ばれ、一時的に平穏が訪れたかに見えたが、それも束の間のことだった。翌2016年7月には首都ジュバで政府軍と反政府勢力の激しい衝突が起こり、再び紛争の火が燃え上がる。それ以降、私が滞在していたウガンダ北部にも、南スーダンから次々と難民が流入してきたのだ。

私が現地にいた2017年2月末時点で南スーダン難民の総数は150万人を超え、シリアやアフガニスタンに次いで世界第3位の「難民危機」となっていた。そのうち、約70万人がウガンダに避難していた。

インターンとしての立場でありながら、私は元子ども兵たちの支援活動に加え、南スーダン難民が直面する過酷な状況を調査する仕事を与えられた。

私が足を運び続けた難民居住区には、推定3万人の難民が避難生活を送っており、そのうち6割以上が18歳未満の子どもたちだった。特に胸を締め付けられたのは、孤児の多さだ。現地スタッフによると、約9000人もの子どもたちが戦争や病、家族との離別によって親を失い、孤独な避難生活を余儀なくされていた。私が出会った子どもたちの中には、目の前で両親を殺害されたと話す子どももいた。

彼ら難民の多くは、着の身着のままで故郷を後にし、ウガンダ北部へと逃れてきている。しかし、たどり着いた先でも、さらなる苦難が彼らを待ち受けていた。1日1食しか食べることができず、身に着けている衣服はボロボロ。衛生用品や学用品、その他の生活必需品は不足しており、人間としての尊厳を守る最低限の生活さえもままならなかった。

それでも、南スーダンからの難民は日々膨大な数で流入し続けているため、支援機関の対応は追いつかない。支援が行き渡らず、人々が過酷な生活に直面している現実を私は目の当たりにした。

難民居住区での調査中、私の心に深く刻まれた光景がある。

ある日のことだった。いつもと同じように居住区を歩き、難民から話を聞いていた私の耳に、どこからか異様な音が届いた。何気なくその方向に目をやると、一人の男の子が目に飛び込んでくる。彼はボロボロのTシャツをまとい、下半身には何も身に着けておらず、木に寄りかかるようにして、じっと地面を見つめていた。足元には汚物が溜まり、そこから無数のハエが湧き出て、彼の全身にまとわりついていたのだ。その異音の正体は、ハエたちが発する羽音だった。

その光景を目の当たりにし、混乱、無力感、抑えきれない憤り……さまざまな感情が次々と押し寄せた。私は言葉を失い、ただその場に立ち尽くすことしかできなかった。

現地スタッフに尋ねると、彼は生まれつき精神障害を抱えている子どもだという。彼の全身はひどく汚れていたが、難民居住区では必要な物資が圧倒的に不足しており、彼に手を差し伸べる余裕はどこにもなかった。

スタッフは「精神障害を持つ子どもは負担が大きく、このような状況では面倒を見られる人も少ない。切り捨てられてしまう子どもたちもいる」と語った。その言葉からは、難民たちが直面する厳しい現実が滲み出ていた。

彼のような子どもたちは、居住区の至るところに存在していた。その現実をどうにか伝えようと、私はカメラを取り出し、シャッターに指をかけた。カメラ越しに見えるその光景は、レンズを通してもなお、私の心を揺さぶってやまなかった。目の前に広がる、あまりにも厳しすぎる現実に、言葉にならない悔しさが胸を締め付けた。

心から納得して決めた大学卒業後の進路

南スーダンの難民と出会ったことをきっかけに、私はアフリカが抱える問題の深刻さに再び打ちのめされた。難民の瞳に宿る深い悲しみと、かすかな希望を見つめるたび、私の胸の中では、これから歩むべき道への迷いがますます深まった。

２０１７年３月、テラ・ルネッサンスでの２カ月間のインターンを終え、日本に帰国する直前のことだ。

当時の私は大学を休学し、アフリカへと飛び込んでいた。その結果、卒業は１年遅れることが決まっていた。同期の友人たちはすでに就職先を決め、ＳＮＳには卒業旅行の楽しげな写真が次々と投稿されていた。その頃には一つ下の後輩たちも就職活動を始めていた。

その一方、私は大学卒業後の進路が定まらず、就職活動にも手を付けられていない。焦りと不安が心の中で渦巻いていた。

当時の私には、三つの選択肢があった。

一つ目は大学院への進学。国際協力の分野で働くためには、専門分野の修士号が求められることが多いからだ。

二つ目はＪＩＣＡ（独立行政法人国際協力機構）海外協力隊への参加。経済的な心配なく、２年間海外でボランティア経験を積めるというのは、たしかに魅力的だった。

そして三つ目は就職。「まずは社会人としての経験を3年積むべきだ」といった話は、耳にタコができるほど聞いていた。

これらの進路の選択肢は、頭ではすべて理解できていた。国際協力を志す友人たちも、それぞれこれらの道を選んでいたからだ。しかし、どの選択肢にも「心からの納得」を感じることができなかった。南スーダン難民の人々との出会いがあったからだ。

私は、彼らが直面する苦しみを現場で目撃した。最低限の生活すらままならず、今まさに支援を必要としている姿を目にし、彼らの力になりたいと心の底から願った。しかし、「まずは大学院に進んで修士号を取得する」「まずはJICA海外協力隊で2年間経験を積む」「まずは企業で3年間働き、スキルを身につける」という選択肢は、そんな自分の心と明らかに矛盾しており、私の内なる声はそれに反発していた。

進路について考える時、頭で理屈をこね回し、自分を納得させるのは簡単だ。しかし、**そこで本当に重要なのは、心が本当に納得し、胸が高鳴るかどうかだ。**

どんな進路を選んだとしても、絶対的な正解など存在しない。**自ら選んだ道を、自らの行動で正解にしていくしかないのだから。**ならばこそ、人生を懸けてもいいと、心から納得できる道を選びたい。そんな強い思いが、私の心に静かに湧き上がってきた。

その後の私は、悩みに悩んだ末、南スーダン難民を支援するため、自らNGOを起業する道を選んだ。事業計画も潤沢な資金源もなく、最後は見切り発車だったが、「難民たちのために、今この瞬間にできることを全力で行いたい」という強い思いが最後は私を突き動かした。

テラ・ルネッサンスのような既存の団体に入る選択肢もあったが、自分の手でビジョンを描き、それを実現したいという思いがあった。そして「新卒でNGOを起業し、国際協力の業界に新しい風を吹かせたい」という大胆な挑戦に、胸が高鳴った。周囲が次々と大手企業に就職を決める中、難民支援の活動では、自分の給料すらままならないかもしれない。そんな不安もあったが、それでも私は、心の底から納得できる道を選びたかった。

この後にも述べるように、私はこの決断から1年半後、適応障害という精神疾患を患い、自らが立ち上げた団体を辞めることになる。それでも、あの時、心から納得して決めた道だったからこそ、今でも後悔は一切ない。あの決断があったからこそ、私は今日まで進むことができたのだと、今でも信じている。

どうして私たちが生きる世界は理不尽なのか

ウガンダでの2カ月間にわたる活動を終え、私は日本に帰国した。休学期間を終えて大学に復学するため、そして南スーダン難民を支援するNGOを起業するためだ。

帰国後の私は、文字通り忙殺される日々を送った。同期はすでに卒業していなくなった大学に戻り、私は卒業論文の執筆に加え、NGOの起業準備や難民支援のための資金調達、活動を広めるためのブログ執筆や全国での講演活動に追われた。

週7日、朝から晩まで、1日も休むことなく働き続けた。1日に数回の講演をこなす際には、エナジードリンクを何本も飲み干し、眩暈《めまい》で倒れそうになりながらも、アフリカで見た現実とこれからのビジョンを語り続けた。今こうして当時を振り返っても、自らの寿命を削りながら、本当に死に物狂いで働いていたと感じる。

この時、私は「考えないため」に、ひたすら動き続けていたのかもしれない。

大学生活は「人生の夏休み」と揶揄《やゆ》されることがある。例えば、私が通っていた早稲田大学の最寄り駅である高田馬場の夜道を歩いた時には、サークルの飲み会を終えた大学生たちが騒いでいる姿を何度も目にした。つい数日前まで、望まない兵士として人生の半分を過ごしてきたウガンダの元子ども兵たちや、故郷を追われ厳しい生活を送る南スーダンの難民たちと共に過ごしていた私が、今は全く異なる環境に身を置いている。この異様なギャップに、時折戸惑いを隠せなかった。

立ち止まって考えれば考えるほど、そのギャップが私の心を苦しめた。

「どうして私たちが生きるこの世界は、こんなにもアンバランスで、理不尽なのだろう」

アフリカで目の当たりにした悲惨な現実と、今自分が立っているこの場所が、同じ地球上に存在しているとはとても思えなかった。まるでパラレルワールドにでも迷い込んだかのようだった。

そして、まだ何もできていない自分に対する無力感が、静かに心の中で膨らみ続けた。それはやがて「怒り」に似た感情へと変わり、私を苛んでいった。

しかし、その「怒り」は、酔っぱらって騒いでいる学生たちに向けられたものではない。**不条理に広がるこの世界の格差に対する「怒り」だった。**そして、自分の力不足に対する「怒り」でもあった。この感情をどこにぶつければいいのか、当時の私にはわからなかった。

ある時、大学の教授にこう尋ねられたことがある。

「アフリカの厳しい現実を見た君は、どうやってその心の傷を癒しているのか？」

子どもも兵や難民という「世界の不条理」と向き合い、その後に日本の平和な大学生活を目にして、その格差に苦しむことはないのか、と。

今振り返ると、私にとっては「伝える」ことが一つのメンタルケアだったのだと思う。現地で見た現実、聞いた声、そして感じた想いを形にすることで、ただ情報を届けるだけではなく、自分の中に溜まった感情や思考が少しずつ整理されていく。異国の現実をどうすれば人々に深く届けられるか、その試行錯誤の過程は、世界のためだけでなく、私自身の心を支えるためのものでもあったのだろう。

一人の力では救える命に限界があった

2017年8月。早稲田大学の5年生になっていた私は、前期最後の試験を終えると、スーツケースを引き、そのまま成田空港へと向かった。大学生活最後の夏休み、三度目のウガンダ渡航が始まろうとしていた。

当時の私はやる気に満ち溢れていた。今度は学ぶためではなく、困っている人たちのために実際の支援を行うのだ。「今、困っている人々を助けたい」という思いに突き動かされながら、私は再び南スーダン難民が暮らす居住区へ向かった。そして、インターンを通じて関わっていたテラ・ルネッサンスと協働し、南スーダン難民の支援活動を開始した。

当時の私たちが取り組んだのは、難民たちが最低限の生活を送るために必要な食料や衛生用品などの生活必需品を提供する「人道支援」だった。

支援を受けた難民たちから感謝の言葉を受けるたびに、私は充実感で満たされていた。半年前に訪れた時には、どの難民の顔にも悲壮感が漂っていた。しかし今回は、食料や石鹸、洗剤を受け取った彼らの顔に笑顔が溢れている。「国際協力」という言葉が、具体的な行動に結びついているという実感があった。困っている人々を助けることができている。国際協力のプロに、また一歩近づくことができたのだ。

私は「正しい」ことをしているという自信が、炎天下の過酷な環境でも活動を続ける支えとなっていた。

しかし、ある日のことだった。支援物資の配給を終えた後、私たちのもとに支援を受けられなかった他の難民たちがやってきて、こう尋ねた。

「なぜ、私たちのことは助けてくれないの？」

たったひと言だったが、その言葉は私の心に深く突き刺さった。資金も、時間も、体力も限られている。すべての人を助けられるわけではない。**支援を受け、笑顔になる難民がいる一方で、厳しい現実に苦しみ続ける難民もいる。**そんな当たり前の事実に気づかされた瞬間だった。

なぜ、すべての人を助けることができないのか。
なぜ、自分の手が届く範囲はこんなにも限られているのか。
私たちが支援できたのは、わずか400人にすぎなかった。当時、南スーダンの難民問題は「世界で最も深刻な状況」とされ、150万人以上が周辺国に避難していた。私たちの活動は、途方もなく大きい問題の前では、あまりにも小さなものだった。まるで広大な砂漠にひと握りの水を注ぐかのように。

あれほど夢見てきた国際協力の仕事を、たしかに私は実践していた。しかし、アフリカでの支援活動を通じて、私は問題の規模と自分一人の力の限界を痛感せざるを得なかった。誰もが救われるわけではないという厳しい現実が、私の心に重くのしかかってきた。

あの瞬間に胸に抱いた、言葉にならない感情は、今も鮮明に心に残っている。たしかに、現地での支援活動は尊く、今この瞬間に困っている人々を救うことには大きな意味がある。それは疑う余地のない事実だ。しかし、目の前の一人を救うだけでなく、世界中の困難に直面するすべての人々を救いたいと願うならば、私一人の力では到底及ばない。もっと大きな「うねり」を生み出す必要がある。世界の変革は、一人の力ではなく、多くの人々の意識と行動によって成し遂げられるものだからだ。**「私」が世界を変える主語であってはならない。**

だからこそ、私は決意した。アフリカをはじめとした世界の現状を広く伝え、多くの人々に関心を向けてもらうことで、共に世界を良くする仲間を増やしていこう。この時の決意は、私が現地での支援活動から「伝える」という仕事へと転じていく大きなきっかけとなった。

1人で100歩進むよりも、100人で1歩進むほうが、はるかに大きな力を生む。それは、広がる波紋のようにやがて大きなうねりとなり、世界を動かす力となる。

南スーダン難民の支援活動を通じて「一人がやれることの限界」を感じたからこそ、私は「伝える」という仕事にも注力し始めた。大学生という立場でありながらも、支援現場の「理想と現実」を知ったことは、私にとって大きな意味を持つ体験となった。

大学を卒業した矢先に起きた体の異変

大学最後の夏休みをすべてウガンダで過ごし、帰国した翌日には時差ボケで狂った体を無理やり引きずりながら、私は大学生活へと戻った。アフリカで目にした現実と、日本での平穏な日常とのギャップに戸惑いを感じつつも、卒論の締め切りが間近に迫り、立ち上げたNGOの仕事にも追われ、立ち止まる余裕などなかった。

12月に卒論を提出し、1月、2月も団体の仕事や講演活動に奔走し、気がつけば卒業を迎える3月が訪れていた。

起業した団体は無事に法人格を取得し、メンバーも順調に増えていた。さらに、在学中の活動が評価され、早稲田大学で最も権威のある小野梓《あずさ》記念賞を受賞することができた。すべてが順調に進んでいるように思えた。

2018年春、私は5年間通った早稲田大学を去り、起業したNGOの唯一のフルタイム職員となって、晴れて「社会人」としての一歩を踏み出す。しかし、設立したばかりのNGOでは、一人分の給料を捻出することもままならない。私は週7日、朝から晩まで馬車馬のように働いていたが、初任給として受け取った役員報酬は9万円だった。

それでも構わなかった。自分が本当にやりたいことに全力を注げている。この仕事に人生を懸けて取り組みたい。その熱意が、当時の私を支えていたはずだった。

しかし、そんな心の熱意に反して、私の体は徐々に、しかし確実に蝕まれていった。

卒業して約2カ月が過ぎた2018年5月下旬。この頃から、私の体には異変が現れ始めていた。食事をしようとしても、食べ物が喉を通らない。お腹が空いているはずなのに、まるで何かが詰まっているかのように飲み込むことができない。胸の奥には、冷たい手で締め付けられるような不快な感覚が広がり、全身が鉛のように重い。

それは、**心とは裏腹に、体が限界を迎えつつあるサインだった。**

私は会議室で発狂した

2018年5月30日。いつもと同じように、高田馬場の会議室へ向かうため自宅を出たが、その日は特に胸の苦しみが強く、全身が硬直しているかのように感じられた。会議室へと向かう足取りは重く、歩を進めるごとに胸の圧迫感が増し、息苦しさが押し寄せる。呼吸が浅くなり、心臓の鼓動が耳の奥で鈍く響き渡る。定例の会議で何を話すべきか考えようとしても、頭は霞がかかったようにぼんやりとしていて、全く働かなかった。

今思えば、この時点で自らを守るために会議を休むべきだったのだろう。しかし、代表という立場の責任感が私の肩に重くのしかかり、弱音を吐くことは許されないと自分に言い聞かせ、無理をして会議室へと足を運んだ。わずか2週間後には、ウガンダでの団体登録やプロジェクト発足を控え、私一人で現地に渡航することが決まっていたからだ。

すでにその頃には、数百名の支援者から寄付金を受け取っており、多くの方々からの期待を背負っていた。「逃げることは絶対に許されない」「前に進む以外の選択肢はない」——その思いが私をがんじがらめにしていた。

会議が始まり、1時間ほどが経過した頃、ウガンダでのプロジェクトについての話し合いが進んでいた。団体のメンバーはすでに20名を超え、それぞれが自分の意見を積極的に述べている。メンバーたちは情熱的に意見を交わしていた。

しかし、その声は次第に私の耳から遠ざかり、まるで私一人が深い霧の中に取り残されているかのような感覚に陥った。頭の中が白く覆われ、思考は完全に停止し、周りの声がただの雑音にしか聞こえなくなった。

「ウガンダで実際に動くのは私だ。現地では計画通りに進まないことが多いのに、なぜ皆、無責任に好き勝手な発言をしているのだろう」——当時の私は、精神的にも肉体的にも追い込まれ、プレッシャーに押しつぶされそうになっていた。それが原因で苛立ちが膨れ上がり、協力してくれるはずのメンバーたちに対しても、次第に理不尽な敵意を感じるようになっていた。

今振り返れば、それは私自身の未熟さと、当時の心の余裕のなさが生み出した感情だったのだろう。彼らの意見は、むしろプロジェクト成功のために必要なものであったのに、その時の私は、それを受け止める余裕がなかった。

私には、私なりの信念があり、実現したい活動があった。しかし、メンバーが増える中で意見が飛び交うたびに、私自身の発言は次第に控えめになり、いつしか調整役に回ることが増えていった。それは、チームとして活動するうえでは必要なことだったが、心の中で抱く理想と、現実の自分の行動との乖離《かいり》は、次第に広がっていった。

そして、そのズレが日々の過酷な労働と重なり、知らず知らずのうちに私の心の奥底まで影響を与え、自分の中で何かが崩れ始めていたのだ。

会議が進むにつれ、議論が膨れ上がっていく中で、私が感じていたプレッシャーがとうとう限界を迎えた。

何もかもがどうでもよくなり、自分自身を何か壊れた存在にでも変えなければ、心の奥の奥にある本当に大切なものが崩れ去ってしまうような、そんな不安と恐怖が私を支配した。

そしてその瞬間、私は発狂した。

私は突然椅子から立ち上がり、狂ったように笑い出し、奇声を上げながら会議室内で暴れ出した。メンバーたちの上着が掛かっていたコートハンガーを倒し、そのまま会議室から脱走した。10メートルほど走ったところで力尽き、地面に倒れ込み、胸の内に押し込めていた感情が一気に爆発し、泣き叫んだ。「わー！」という叫び声が周囲に響き渡り、過呼吸に陥った。

その声を聞きつけた施設の職員や心配してくれたメンバー数名が私のもとに駆けつけ、優しく背中をさすってくれた。「休んだほうがいい」「一人で抱え込ませてしまって申し訳なかった」――誰かがそんなことを呟いているのが耳に入ってきた。

私は力なく頷《うなず》き、荷物をまとめ、その日は会議室を後にした。

それが、自らが起業したNGOの活動に参加する最後の日となった。

あの日、私は自分の心が決壊する瞬間を体験した。

診断を受け初めて自分を許すことができた

会議室で発狂した翌日、私はフェイスブックに次のような投稿をした。

「皆さま、申し訳ありません。心の病気になってしまいました。もうとっくに限界が来ていたのですが、昨日仕事中にそれを超えてしまいました。

アフリカ渡航は取り止めて、実家で療養することになりました。しばらく仕事から離れるため、連絡が取れなくなります。ご理解ください。

応援してくださる皆さまの期待に応えられませんでした。苦しくて仕方ないです。ごめんなさい」（原文ママ）

この投稿を書いた時、私は決して抜け出せない深い闇に飲み込まれたかのような、まさに絶望の淵《ふち》に立たされていた。すべてが終わったと信じ込み、何もかもが虚《むな》しく感じられた。「死にたい」と思う余裕さえなく、「消えてしまいたい」という思いだけが心に重くのしかかっていた。

そんな中、数年前に同じようなメンタルの問題を経験した友人から、心療内科にかかることを勧められた。「行くだけ行ってみるか……」というわずかな希望を抱き、数日後、鉛のように重い体を引きずりながら、近所の心療内科に向かった。

診察室で、医師にこれまでの激務や代表としてのプレッシャー、数日前から感じていた体の異変、そして会議室での発狂について話した。その結果、私は「適応障害」という診断を受けた。

WHO（世界保健機関）の診断ガイドラインによると、適応障害とは「ストレス因子により引き起こされる情緒面や行動面の症状で、社会的機能が著しく障害されている状態」を指す。要するに、大きなストレスや、継続的・反復的なストレスにさらされ続けた結果、日常生活や仕事において著しい障害が生じ、社会生活が困難になる状態が適応障害だ。

私の場合、アフリカでの難民支援や起業したNGOの仕事に休むことなく従事し、代表としてのプレッシャーや日々のストレスにさらされ続けた結果、適応障害を発症したのだろう。

クリニックに足を運ぶ前、「自分が心の病で医者にかかることになるとは……」と、言葉にできないような恥ずかしさを感じていた。しかし、**第三者である医師に自分の境遇を話し、現状を診断という形で「ラベリング」されることで、少しだけ心が軽くなった**のを覚えている。それまでは「今困っている人たちを助けるために、休む暇などない。動き続けなければならない」というプレッシャーを自分に課し続けていたが、この診断を受けて初めて、「病気だから、休んでもいいのだ」と自分で自分を許すことができた。

けじめとして自ら起業したNGOを辞める

病気を発症してすぐの頃は、朝、布団から起き上がるだけで精一杯だった。無気力に1日を布団の上で過ごし、時には理由もなく悲しみに襲われ、涙が止まらなくなることもあった。

休職してから数週間が経ち、ようやく外に出られるようになると、朝からゲームセンターに入り浸り、何時間もコインゲームに没頭する日々が始まった。目の前のゲームに集中することで、嫌な記憶や感情から一時的に逃避できる気がしたからだ。

しかし、ふとした瞬間に、自分が心の病を抱えていることや、仕事を休んでいること、この先の進路が何一つ決まっていないことを思い出し、どうしようもない罪悪感や不安感が胸を締め付けた。その苦しさを振り払うように、さらにゲームにのめり込んでいった。

ある日のことだ。昼間からコンビニで買ったアイスを公園のベンチで食べていると、電話をしながら忙しそうに歩くサラリーマンが目の前を通り過ぎた。日常の中のごくありふれた光景だ。それなのに、その瞬間、自分が強烈に情けなく感じた。つい1年前までは、アフリカで精力的に活動していたのに、今は働くことも、生活さえもままならない。情けなさと悔しさが込み上げ、うなだれて家に戻ると、嫌な現実から逃れるように布団に潜り込んだ。

適応障害との闘いは、最終的に約6カ月間にわたって続いた。この病は、原因となった環境から距離を置くことで、次第に回復するものだ。私の場合も、起業したNGOの仕事やそこでの人間関係から完全に離れることで、次第に回復の兆しが見え始めた。闘病の終盤には、ブログ執筆といった個人的な仕事であればこなせるようになっていた。

しかし、悩みに悩んだ末、自分が起業したNGOに戻るという選択はできなかった。6カ月間という長い不在期間は、私にとってあまりにも長く、再びそこで活躍する自分を想像することができなかったからだ。

仲間たちからは引き留められたが、最終的には自らの判断で、自分が起業したNGOを離れる決断を下した。立ち上げた時以上に、この決断には多くのエネルギーが必要だったように思う。私の信念や哲学を込めた組織を手放すことは、自分の分身を失うような感覚だった。

その決断を下した後、再び心の調子を崩し、しばらくの間、布団から起き上がれない生活に戻ってしまった。

起業する前から発信活動に力を入れていた私は、一つのけじめとして、NGOを辞める決断をした報告をブログに投稿した。

しかし、その投稿に対して匿名の人物から「あれだけカッコつけたことを言っておいて、辞めるなんてダサすぎる」とコメントがついた。今では見知らぬ人からの批判なんて気にしないように努めているが、当時の私は精神的に弱っており、その言葉は思いのほか大きなダメージとなった。

自分自身の弱さを受け入れる勇気

適応障害で休んでいた時期は、本当に辛く、私の人生で最も大きな挫折だった。できることなら、あの経験は二度としたくない。

しかし、その苦しみの中で得たものも確かにある。それは、「**自らの弱さを受け入れる勇気**」だ。

適応障害になる前の私は、アフリカで精力的に活動し、若き起業家としてSNSで発信を続け、大学からも表彰されるなど、順風満帆な日々を送っていた。正直に言えば、その成功に少なからず慢心していた部分があったかもしれない。

当時の私は、強さだけで自分を覆い隠し、弱さを他人に見せることはまるで敗北のように感じていた。そのため、周囲に頼ることも、助けを求めることもできず、気づけば自分の限界を超えてしまった。今振り返ると、あの時の私には、適応障害になり、立ち止まる時間が必要だったのだと思う。

適応障害の経験は本当に苦しいものだった。しかし、その苦しみをじっくりと噛みしめたからこそ、少しずつ自分の中に、自らの弱さを受け入れる勇気が芽生えていったように感じる。今では、自分が心も体も弱い人間であることを自覚している。そして、それは世間が抱いている私のイメージとはおそらく異なるだろう。

多くの人は、「社会問題に取り組む人はメンタルが強い」と思っているかもしれない。アフリカの過酷な環境で働いてきた私のような人間に対しては、なおさらそのようなイメージが強いのではないだろうか。もしかすると、そのイメージに自分を合わせようとし、「強さ」という仮面をかぶって、自分の弱さから目を背けていたのかもしれない。

しかし、ある方から「私はあなたの弱さも好き」と言ってもらった時、心がふっと軽くなったのを覚えている。**人は、他人の弱さにこそ、惹《ひ》かれる生き物なのかもしれないと。**

逆説的に聞こえるかもしれないが、**弱さを受け入れることで、人は強く生きられる。**なぜなら、弱さは誰かと互いに補い合うものだからだ。自分の弱さを正しく認識することで、周囲の人々と上手に助け合うことができるようになる。

競争原理が支配する現代社会では、多くの人が強さを誇示し、弱さを隠して生きている。しかし、実は弱さこそ、その人の替えのきかない魅力なのではないだろうか。ちっぽけなプライドを捨て、悲しい時は悲しいと、苦しい時は苦しいと、素直に表現すればいい。重要なのは、自己肯定ではなく、自己受容なのだ。

適応障害の経験から、私は「自らの弱さを受け入れる勇気」を学ぶことができた。これからも、弱さも含めて、ありのままの自分を受け入れていきたい。

「フリーランス国際協力師」として復活

２０１８年12月、私は学生時代に起業したＮＧＯを自らの意思で離れた。

しかし、その時の私は自分の進路に迷い、方向性を見失っていた。国際協力の分野で働きたいという情熱はまだ失われていなかったが、他の団体に就職するには、専門性も経験も不足している。半年間の休職期間を経た今、大学院進学やＪＩＣＡ海外協力隊に進む選択肢も現実的ではなかった。一般企業の就職も難しいだろうと思った。

止まってしまった歩みを再開するために「辞める」という選択をしたものの、その後の進路については何も考えられていなかった。

そんな中、２０１８年の終わりが迫る12月下旬、テラ・ルネッサンスの小川真吾から「とりあえずウガンダに来て、ゆっくり考えたらいい」と声をかけてもらった。

その言葉に背中を押され、私は年末年始をウガンダで過ごすことにした。適応障害で家に引きこもりがちだった私にとって、久しぶりのウガンダでの生活は新鮮で、解放感に満ちていた。そして、再びアフリカと深く関わりたいという思いが強まった。

滞在中、ボランティア活動に情熱を注ぐウガンダ人の青年たちとの出会いが、私に大きな影響を与えた。

「お金は得られなくても、自分たちの国の未来のために今できることをやりたい」

そう語る彼らの姿に感銘を受けた。

私は、まず彼らの活動を支援する形で動き出せばいいのではないかと考えるようになった。自らの生活費は、学生時代から続けてきたブログや自費出版した本の収入で賄えそうだったため、進路を急いで決める必要はなく、まずは「フリーランス」として新たな一歩を踏み出すことを決めた。

よく「なぜフリーランスという働き方を選んだのか?」と質問されるが、実際には「自分で選んだ」というより、「結果的にそうなった」というのが正しい表現だろう。ただ、この時点では、フリーランスとして長く活動し続けるつもりはなかった。

発信活動にはもともと力を入れていたため、何かしらの肩書きがあれば、活動がさらに広がるのではないかと考えた。そこで、「フリーランス国際協力師」という肩書きを名乗り始めることにした。

誤解されることもあるが、「国際協力師」という言葉は私が作ったものではない。これは、山本敏晴氏が創設したNPO法人宇宙船地球号が2005年頃から提唱した新しい職業人の概念だ。国際協力師とは、生活するのに十分な給料を得ながら、持続可能な形で国際協力に従事する人を指す。山本氏は、国際協力をボランティアやチャリティではなく、持続可能な職業として広めようとしたのだ。

従来の国際協力師は、国連やJICA、NGOなど、何らかの組織に所属して働くことが前提となっていた。しかし、私はフリーランスとして国際協力に取り組みたいと考え、フリーランスと国際協力師という言葉を掛け合わせ、「フリーランス国際協力師」と名乗り始めた。

生理用ナプキンの作り方を教える支援

2019年2月、フリーランス国際協力師として、私は再びウガンダを訪れた。新しい肩書きでの挑戦に胸を躍らせていたものの、具体的な活動内容や方針はまだ固まっておらず、どこの組織にも属さない初めての挑戦に不安を感じていたのを覚えている。

最初に取り組んだのは、ウガンダの小学校での手洗い指導やゴミ拾いといった公衆衛生の啓発活動だった。これらの活動は私がゼロから立ち上げたものではなく、現地の青年たちがボランティアで行っていた取り組みを支援する形で始めたものだ。

活動そのものから収入は得られなかったが、ブログや講演活動を通じて得た収入で何とか生活を続けられていた。

さらに、ウガンダの女子児童に布ナプキンの作り方を教える活動も始めた。

ウガンダの小学校を訪問する中で、現地の教頭から「女子児童に生理用ナプキンを寄付してほしい」という依頼を受けた。

貧困層の女子児童は生理用ナプキンを購入する余裕がなく、ぼろきれや古新聞、さらには枯葉や枝を使って生理を凌《しの》いでいた。これでは十分に経血を防げず、制服が汚れてしまい、周囲からからかわれる原因となっていたため、生理のたびに学校を休まざるを得ない状況があったのだ。

学校を休むことで授業についていけなくなり、留年や退学を余儀なくされる女子児童もいた。

そこで、現地の女性パートナーのアドバイスを参考にしながら、地元で手に入る素材を使った布ナプキンの作り方を教える活動を始めることにした。

使い捨てナプキンを寄付するだけでは、支援への依存を生み出しかねない。外部からの支援がなくなった後も、彼女たちが自立して生活できるように、**「魚を与え**

るのではなく、魚の釣り方を教える」ことが重要だと考えたのだ。地元の友人たちにも協力をお願いし、小学校の有志の児童たちと放課後に布ナプキンを作る活動を進めた。

この活動は非常にうまくいき、特に女子児童たちは手先が器用で、すぐに作り方を覚え、やがて町で販売できるほどのクオリティにまで達した。

フリーランスとして活動を始めた当初は不安もあったが、現地のニーズに合わせて柔軟に対応できるこの働き方が、自分に合っていることに気づいた。やりたいことをすぐに行動に移せる自由さが、私の性格にぴったりとハマったのだ。

この活動をブログやSNSで発信し、国内で講演活動を行うと、多くの反響が寄せられた。

組織に属さず、個人として発信することで、その反応はすべて自分に直接返ってくる。もちろん、時には批判や誹謗《ひぼう》中傷も受けることがあるが、それでも、発信活動を通じて確かな手ごたえを感じることができる。最初は深く考えずにフリーランス国際協力師になったが、やりがいを感じられているからこそ、今でもこの道を歩み続けている。

そして世界はコロナ禍に見舞われた

フリーランス国際協力師としてのウガンダでの活動は順調に進んでいたように思えた。

しかし、2020年3月頃、ウガンダでも新型コロナウイルスが広がり始める。3月下旬、ウガンダ政府は突如として国境の閉鎖を発表し、次の飛行機がウガンダを離れる最後の便になると告げられた。在ウガンダの日本大使館からも、その飛行機を逃すと帰国が極めて困難になるとの通達があった。

どこの組織にも所属しない私は、この不透明な状況の中で現地にとどまるのはあまりにもリスクが大きいと感じた。悩みに悩んだ末、周囲の勧めもあって、最終便に飛び乗りウガンダを離れることを決断した。

エンテベ国際空港から飛行機が飛び立つ瞬間、自然と涙がこぼれた。新型コロナの蔓延が、アフリカでも貧困層の生活をさらに厳しいものにするだろうと予感していたからだ。

コロナ禍がどれだけ続くかはわからないが、現地の人々の生活がこれからますます困難になることは確かだろう。その現実を知りながら、安全な日本に戻ることに、後ろ髪を引かれる思いがあった。フリーランスとして活動することの限界を痛感する瞬間だった。

しかし、今振り返ってみると、この判断は正しかったと思っている。ここから、私のユーチューブでの発信活動が本格的に始まることになるからだ。

帰国後、緊急事態宣言が発令され、自宅に閉じこもる生活が始まった。日本にいながら、アフリカや世界のために何ができるだろうかと考え、私はユーチューブ動画の制作を始めた。

当時、ユーチューブを始めた理由はそれほど深いものではなかった。この時期、多くの人々がユーチューブに新規参入しており、私もその波に乗ろうと思ったのだ。また、文字情報が中心のブログとは違い、写真や動画を多用できるユーチューブは、アフリカや世界の現状を伝えるうえで非常に効果的なツールだと感じた。

最初は私自身のキャリアや考え方について発信する動画を作っていたが、反響は思ったほど得られなかった。そこで、私が世界で目にしてきたさまざまな問題について解説する動画を投稿し始めた。これが大きな転機となった。

第3章以降では、私がユーチューブ活動を始めてから現在に至るまでの軌跡、そして「伝える」という活動を通じて向き合ってきた悩みや葛藤について綴っていきたい。

正しい報道とは何か？
インフルエンサーの
光と影

突然レンタルチャイルドの動画がバズった

私は学生の頃から、「伝える」ことの重要性に気づき、それ以来、ソーシャルメディアを駆使して情報を発信してきた。当初はツイッターやブログを通じて発信を行っていたが、コロナ禍でアフリカに直接赴くことが難しくなり、ユーチューブを利用した情報発信にも本格的に取り組み始めた。

しかし、ユーチューブを始めた当初、動画の再生回数は期待外れの結果ばかりだった。10時間以上をかけて制作した動画も、アップしてからの24時間で再生されるのは、わずか100回程度。もちろん広告収益など雀《すずめ》の涙だ。そんな状況が頻繁に続いた。何度も挫《くじ》けそうになったが、それでも諦めず、動画の投稿を続けた。

投稿を開始してから約1年が経った2021年2月21日。何の変哲もない、普通の日になるはずだった。

いつものように朝起きて、ユーチューブのアナリティクス画面を開いた瞬間、自分の目を疑った。約1年前の子どもの日にアップしていた「レンタルチャイルド」の動画が、突然再生回数が伸び始めたのだ。その瞬間、私の心には驚きと共に、胸が熱くなる感覚が広がった。

この動画が私の人生を大きく変えることになるとは、その時点ではまだ思いもよらなかった。

「レンタルチャイルド」とは、物乞いビジネスのために子どもが一時的に「レンタル」されるという問題だ。極度の貧困に苦しむ親や保護者が、生活の糧を得るために、自らの子どもを物乞いビジネスを行う他者に貸し出す行為が行われている。これらの子どもたちは、同情を誘うために意図的に選定されることが多く、特に病気や障害を持つ子どもたちがその対象となる。彼らは物乞いの「道具」として利用されているのだ。

私がこの問題に初めて直面したのは、学生時代に訪れたバングラデシュだった。

ある日、首都ダッカの喧騒の中、広場で目にした光景が今でも忘れられない。そこには、ポリオにかかり、四肢の自由を失った子どもが、地面に無造作に寝かされていた。その子どものすぐそばにはお金を入れるためのボウルが置かれている。彼の体は動けず、ただそこに無気力に横たわるだけだった。

この時に撮影した写真をもとに、物乞いビジネスの実態と発展途上国における貧困を解説したのが「レンタルチャイルド」の動画だった。そして、2021年2月21日、いわゆる「バズ」状態に突入した。

当時、私が投稿していた動画の再生回数は、どれも1日あたり数十回から数百回程度であり、「レンタルチャイルド」の動画も最初はその程度の再生数にとどまっていた。

しかし、2021年2月21日を境に、その状況が突如一変する。1日ごとの再生回数は3000回、8000回、1万6000回、2万5000回、そして3万8000回と、驚異的な速度で増加し続けた。

「これはとんでもないことが起きている……」

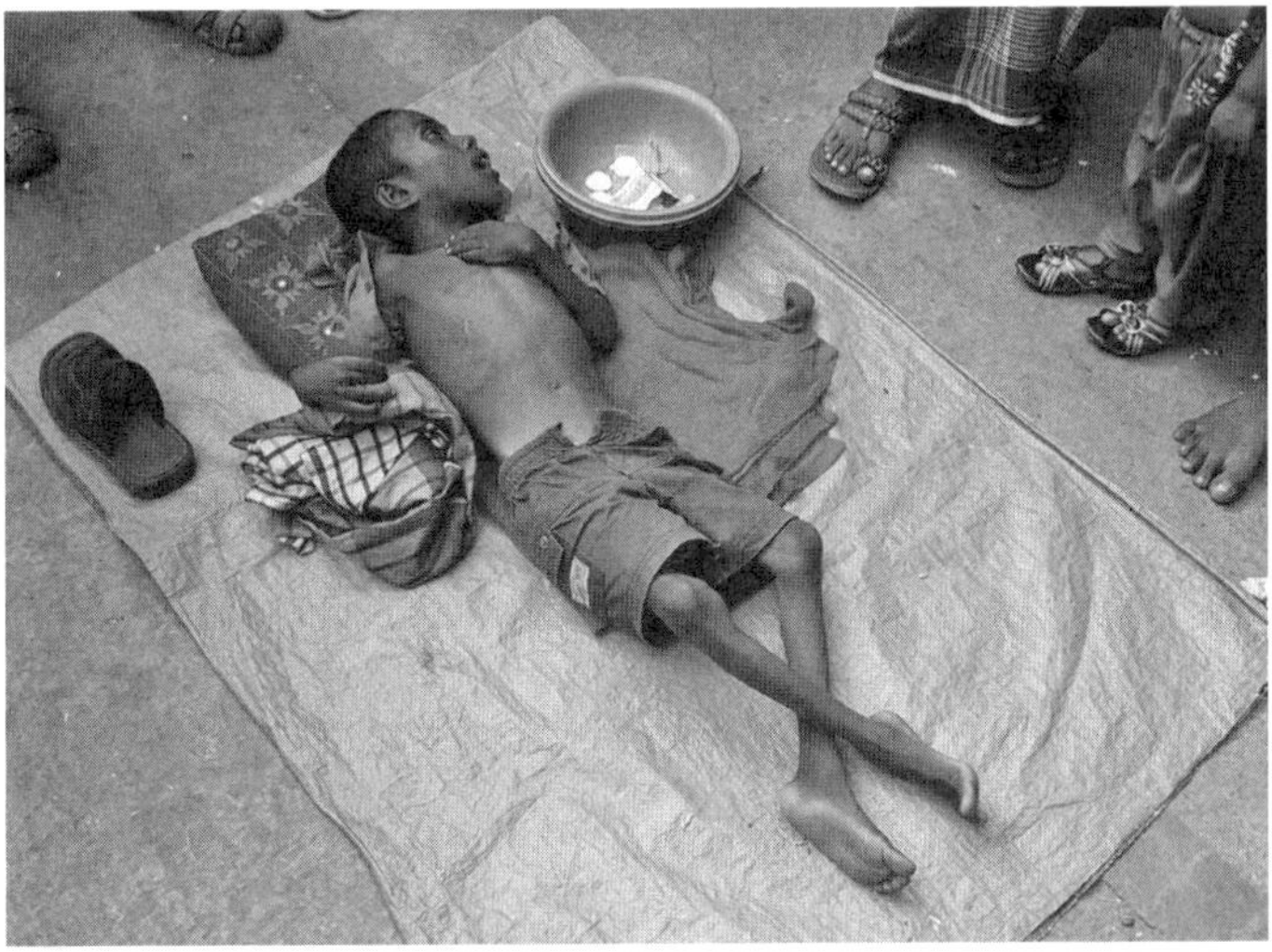

そう感じながら、当時の私は30分おきにアナリティクス画面を確認していた。**私はこの瞬間、初めて「バズ」の真の威力を目の当たりにした。**コメントも急激に増え、その勢いは止まることを知らなかった。

それまでにもツイッターでのバズは何度か経験していたが、ユーチューブでのバズは全く別次元のものだった。

まず、ユーチューブでは提供できる情報量が圧倒的に多い。当時のツイッターが１４０文字に制限されていたのに対し、「レンタルチャイルド」の動画は約9分間にわたり、文字数に換算すれば約3000字に相当する情報を伝えられる。さらに、バングラデシュで撮影した写真や映像を組み合わせた視覚情報に、エモーショナルな音楽が加わることで、視覚的・感覚的なインパクトが一層強い。

そして何より、**カメラの前で私自身が直接語りかけることで、視聴者への説得力が格段に高まり、「原貫太」という存在が世の中に認知される。**ユーチューブというプラットフォームが持つこの力を、私は初めて真に実感した。

いったい何がきっかけで2021年2月21日に動画がバズり始めたのか、今でも正確にはわからない。ただ、ポリオに苦しむ子どもの写真を使ったサムネイルが次々と人々の関心を引き寄せたのではないかと考えている。

批判的なコメントも少なくはなかったが、それ以上に私の活動に対する共感や支持の声が圧倒的に多く寄せられた。これが、私がユーチューブという媒体の力を初めて実感した瞬間だった。

「もしかしたら、情報発信で本当に世界を変えられるかもしれない」

そんな希望が胸に湧き上がり、ユーチューブ活動に本格的に力を入れる大きなきっかけとなった。

関心がないのではなく「ただ知らなかった」

レンタルチャイルドの動画がバズった後、再生回数が徐々に落ち着いていく中、さらなる波が訪れた。

次にバズを迎えたのは、レンタルチャイルドの問題をさらに掘り下げた「海外で物乞いされたら、どのように対応するべきか？」という動画だった。この動画も公開から10カ月が経過した頃、突如として再生回数が伸び始めた。

この動画を制作するにあたって、私は自身の経験を振り返った。

海外の貧しい国々を訪れるたびに、私は物乞いをする人々に対してどのように対応すべきか悩んでいた。心の奥底では、彼らを無視することへの罪悪感が常に渦巻いている。しかし、**一時的な寄付が必ずしも彼らのためにならない**ことも知っていた。そこで、私は自分なりの対応方法を動画で発信することにした。

この動画が、特に海外経験のある視聴者にとっても身近な問題として響いたのだろう。次第に再生回数が伸び、コメント欄にも多くの意見が寄せられた。内容が気になる方は、ぜひ私のチャンネルから動画を視聴してみてほしい。


その後、もう一つの動画が大きな注目を集めた。それが「実は迷惑な寄付」というテーマの動画だ。多くの日本人は「寄付＝良いこと」と漠然と捉えがちだが、私はアフリカでの活動経験から、その一面に疑問を抱いていた。

例えば、**先進国からタダ同然で送られてくる古着の寄付が、アフリカの繊維産業を破壊してきた**という事実がある。善意で行われる寄付が、現地の産業発展を阻むだけでなく、現地の人々に依存を生み出してしまうこともある。この動画でも、私はこうした現実を具体的な例を挙げながら解説した。

結果として、この動画も視聴者の大きな反響を呼び、3000件近いコメントが寄せられるなど、多くの議論が生まれた。なお、古着の寄付がアフリカで引き起こしてきた問題は、拙著『あなたとSDGsをつなぐ「世界を正しく見る」習慣』（KADOKAWA）でも解説したので、そちらもご覧になってほしい。

これらの動画が多くの視聴者に届いたのは、まさにユーチューブのレコメンド（おすすめ）機能のおかげだった。

ユーチューブのユーザーの大多数は、このレコメンド機能を通じて、新たな動画と出会う。「物乞い」や「迷惑な寄付」の動画も、ユーチューブのアルゴリズムによって偶然にも効果的に拾われ、多くのユーザーの「おすすめ」に表示されるようになったのだ。

ユーチューブのアルゴリズムは、その複雑さゆえに一部は謎に包まれている。だが、少なくともこの時、ユーチューブは「このユーザーは原貫太が発信している内容に興味を持つだろう」と判断し、私の動画を広く推奨したのだ。

どちらの動画にもさまざまな意見や感想が寄せられた。正直なところ、動画を作る前は、こういったニッチな情報を発信しても誰も興味を持たないのではないかと不安を感じていた。

しかし、意外にも多くの人たちの注目を集め、興味を引きつけることができた。コメント欄には「こういった視点を知らなかった」「もっと早く知りたかった」という声が次々と寄せられ、私自身も視聴者の関心の高さに驚かされた。

その時、私は一つの重要な気づきを得た。「**国際協力や社会問題といったテーマに対して、実は潜在的な関心層が多いのではないか**」ということだ。

それまでは、こういったテーマは「難しそう」「私には関係ない」と敬遠されがちだと考えており、私自身もかつて活動していたNPOでは「どうすれば多くの人に興味を持ってもらえるか？」という課題に常に直面していた。しかし、ユーチューブでの動画がバズり、多くの意見や感想が寄せられる中で感じたのは、視聴者の多くが「関心がなかった」のではなく、**単に「知らなかった」もしくは「知る機会がなかった」**ということだった。

この潜在的な関心層の多さに気づいた時、私はユーチューブの可能性を新たな視点で捉えるようになった。「ユーチューブのレコメンド機能は、これまでアプローチできていなかった層に情報を届ける強力なツールなのかもしれない」――この発見が、私がユーチューブに本気で取り組む決意をさらに後押しした。

未知の領域に足を踏み入れたその瞬間、私のジャーナリズム活動は新たなステージへと大きく前進していく。

人々の意識を変えることが課題解決への道

動画の再生回数が伸び悩んでいた時期にも、なぜ私はユーチューブでの動画制作を続けることができたのか。その理由の一つには、勉強し、それを発信するというプロセス自体が純粋に楽しかったということがある。

しかし、それだけではなかった。私を突き動かしていたのは、アフリカでの活動を通じて得たある信念だった。**世界の問題を根本から解決するためには、日本を含む先進国の人々が意識と行動を変えることが不可欠である**――その強い思いが、再生回数にかかわらず、私を前進させ続けていた。

アフリカの現場で難民支援や貧困対策に取り組む中で、私は何度もあるジレンマに直面してきた。「私が行っている支援活動は、結局のところ、その場しのぎの

『対症療法』にすぎないのではないか。問題の根本原因に取り組まなければ、これらの問題は永遠に解決されないのではないか」という疑念だ。

これは、私が関わってきたアフリカに限った話ではない。社会問題と呼ばれるものの背後には、必ずそれを引き起こしている構造的な原因が潜んでいる。これらの原因を深く理解し、根本から取り除かなければ、一つの問題を解決しても、また新たな問題が生まれてしまうだろう。


世界中で起きているさまざまな問題は、実は私たちの日常生活と深く結びついていることが多い。例えば、第1章で詳しく解説したコンゴ民主共和国の例がその一つだ。

コンゴでは約30年にわたって紛争が続いているが、その背後には、私たちが毎日使用するスマートフォンや電子機器の製造に不可欠なレアメタルの存在がある。これらのレアメタルを巡る争いが、コンゴでの紛争を激化させ、同時に深刻な人権侵害を引き起こしてきた。コンゴでの紛争やそれに伴う苦しみは、決して私たちから遠い世界の出来事ではなく、私たちの生活と切り離せない形でつながっている。

だからこそ、こうした問題を根本的に解決するためには、現地での支援活動にとどまらず、問題の実情を広く伝えることが不可欠だ。誰かを救おうと手を差し伸べる前に、その誰かを無意識のうちに私たち自身が踏みつけてはいないか、自分たちの足元に目を向け、問題の本質を見極めなくてはいけない。**問題を世界中の人々に伝え、私たちの意識と行動を変えることこそが、より大きな変革を生み出し、問題の根本的な解決を導く鍵となる。**

このような思いが、私をユーチューブでの発信活動へと駆り立て、その中でコンゴの現状を解説する動画も投稿するようになった。

自分事にしてもらうために事実だけを伝える

社会問題に対して多くの人々が関心を持ち、深く考えてもらうために、**私は何よりも「事実」を伝えることが最も重要だと信じている。**意見や信念を表明することは避け、あえて距離を置く。それは、社会問題に対しての無関心や反発を避けるための方法でもある。

社会問題に取り組む際、強い正義感に駆られて自分の意見や信念を力強く表現する人は少なくない。しかし、問題に対して無関心な人々にとっては、たとえその主張がどれほど正当であっても、押し付けられているように感じ、反発を招くことがある。また、意見が強調されすぎると、受け手が自ら考える余地が奪われる危険性も否めない。

私が目指すのは、**受け手に社会問題を「自分事」として捉えてもらうことだ。**そのためには、受け手自身が考える時間を持つことが必要不可欠だと信じている。誰しもが考える力を持っているからこそ、私は意図的に事実「だけ」を伝えることに徹している。

もちろん、事実だけを伝えることで、あえて私の意見を示さないという方法は、コメント欄が盛り上がり、結果として動画が多くの人々に注目されるというユーチューブ運営の戦略の一環でもあった。しかし、私はこの方法が視聴者自身が深く考え、意見を交わす場を提供することにもつながると信じている。

多角的な視点から事実を提示し、何が正しいのかを受け手自身に考えてもらう。

意見を押し付けるのではなく、問いを投げかける、もしくは、問いを彼ら自身の中に生まれさせる。それこそが、今の時代に最も必要なアプローチではないだろうか。

現代はショート動画や要約された情報が氾濫し、人々は安易に結論を求めがちだ。私の動画に対しても「結論を早く示せ」「前置きが長すぎる」といったコメントが頻繁に寄せられる。

しかし、社会問題というものは、その本質的な複雑さゆえに、簡単に結論が導き出せるものではない。むしろ、それと向き合う過程では、まず多くの前提を整理し、深く理解することが不可欠だ。だからこそ、問いを持ち続ける力が求められる。

その問いが心の中に芽生えた瞬間こそが、問題を初めて「自分事」として捉え、深く思索を巡らせる出発点となるのだ。

時折、私のチャンネルについて「色がない」と批判されることがある。「自分の意見をもっと示せ」と求められることも少なくない。たしかに、もっと強い口調で意見や信念、イデオロギーを発信すれば、注目を集めやすくなり、同じ考えを持つ人々が集まってくるだろう。いわゆる「信者」が増えることは、その発信者にとっても心地よいことかもしれない。しかし、それは同時に、社会に対立を生み出すリスクを伴う。

私が目指しているのは、対立ではなく、また、自己満足のために言いたいことを言うことでもない。私が本当に望んでいるのは、社会問題に対して多くの人々が関心を持ち、深く考えることだ。だからこそ、私は一貫して事実だけを伝える姿勢を大切にしてきた。

このようなことを書くと、「そもそも事実とは何か？」という疑問が生じるかもしれない。

たしかに、これは難しい問いだ。事実というものは、見る人の視点や立場によってさまざまな解釈が生まれる。哲学者ニーチェも「まさしく事実なるものはなく、あるのはただ解釈のみ」と述べているように、私たちがどう捉え、どう伝えるかによって、事実の姿は変わり得る。

しかし、私がここで強調したいのは、**解釈があるからといって、事実の価値が損**

なわれるわけではないということだ。むしろ、異なる視点や解釈を持ち寄ることで、事実の多層的な理解が可能になる。

私がユーチューブで発信する際には、例えば「アフリカから見た世界」という視点を意識的に取り入れている。

日本の大手メディアが主に欧米の視点から情報を伝える傾向が強い中、私たち日本人がその情報に依存することで、「**行きすぎた欧米中心主義**」**に偏った見方をしてしまう危険性がある**と感じているからだ。もちろん、アフリカの国々の間でも価値観や視点は多様だ。それでも、私自身がこれまでの活動を通じて得た現地の人々との交流や体験をもとに、欧米だけに偏らない新たな視点を取り入れることは、より広い視野で世界を見つめるために欠かせないと考えている。

事実と向き合う際には、「その事実がどの視点から切り取られているのか」を常に意識することが重要だ。視点を変えることで、同じ事実でも全く異なる意味や解釈が生まれることがある。だからこそ、アフリカやその他の地域からの視点を積極的に取り入れることで、視聴者に新たな視点を提供し、彼らが自分自身で考える力を養う手助けができればと考えている。

登録者数という「数字」が持つ力は侮れない

ユーチューブは、社会を変えるための単なる「手段」にすぎない。だからこそ、チャンネル登録者数や再生回数といった「数字」に一喜一憂することは、表面的なことにすぎないのかもしれない。しかし、私はこのプラットフォームを通じて、「数字がパワーである」という現実を何度も痛感させられてきた。

登録者数が多いクリエイターは、その分だけ多くの人々にメッセージを届ける力を持つ。それは、まるで一つの声が、広大な世界に響き渡るかのようだ。

例えば、私が30万人の登録者に向けて「寄付」を呼びかけても、その影響力には限界がある。しかし、数百万人の登録者を持つユーチューバーが同じ呼びかけをすれば、その声は社会に広く行きわたり、私とは比べものにならないほどのインパクトをもたらす可能性がある。

もちろん、伝えられるメッセージの質や深さには違いがあるかもしれない。しかし、ユーチューブというプラットフォームにおいて、チャンネル登録者数や再生回数といった「数字」がもたらすパワーが、情報発信の範囲や影響力を広げる要因であることは、疑いようのない事実だ。

私自身、チャンネル登録者が33万人を超えた今でさえも、自らの影響力の弱さゆえに、自分の力不足を感じ、悔しさを噛みしめることが幾度となくある。

特に「正確な情報の伝達」という観点から見ても、数字の持つ影響力は無視できない。たとえ私がアフリカに関する正しい知識を広めようとどれだけ努力しても、数百万人の登録者を持つユーチューバーが、もしアフリカに対するステレオタイプ的な発信をしてしまえば、それが社会に広まり、固定化されたイメージとして浸透してしまう可能性がある。

これまで少しずつ、日本の人々のアフリカに対する見方を変えてきたと感じていた矢先、ステレオタイプ的な動画が数十万回再生され、そのコメント欄で偏見が再び広がっていく様子を見ると、まるで三歩進んで二歩後退するかのような感覚に襲われる。しかし、それでも諦めることなく、動画投稿を続けてきた。

ようやく、私は多くの人々に情報を届けられる立場になりつつある。それでも、チャンネル登録者33万人という数字は、日本の総人口1億2500万人から見れば、379人に1人しか登録していないことになる。つまり、まだまだ自分のメッセージが多くの人に届いているとは言いがたい。

もちろん、登録者数や再生回数ばかりに囚われてしまったり、数字だけを追い求め、ユーチューブでの情報発信が目的化してしまったりすることは避けるべきだ。しかし、多くの人々に影響を与えるためには、「数字はパワーである」という現実の中で戦い続けなければならない。それは、現代の情報過多社会における宿命なのだろう。

欲望で関心を引きつけ、「正義」を語る

社会問題をテーマに情報発信をするうえで、私が常に意識している考えがある。それは、「**人間は必ずしも『正義』だけで動くわけではない**」ということだ。

世界には、今この瞬間も苦しんでいる人々がいる。その苦しみは、私たちの社会が無意識のうちに生み出しているのかもしれない。だからこそ、私たちは変わらなければならないし、行動を起こさなければならない——そうした「正義」の思いを胸に、私はこれまで活動を続けてきた。

しかし、この「正義」だけを真っ直ぐに発信しても、それだけで人々の心を動かすことは難しいと感じる場面が多々あった。少なくともユーチューブというプラットフォームでは、正義感に訴える動画よりも、エンタメ性の高い動画や、美男美女が使われたサムネイルのほうがはるかにクリックされやすい現実がある。

人間は、正義感だけではなく、むしろ好奇心や楽しさといった「欲望」によって動かされる存在なのだ。この現実を無視しては、メッセージを広めることは難しい。

これは情報発信に限った話ではない。例えば、お店に同価格の洋服が2着並んでいるとしよう。片方は環境に配慮した洋服。もう片方は特に何も配慮していないが、今をときめく芸能人が愛用している洋服だ。多くの人は、「この芸能人みたいな着こなしがしたい」という欲望に動かされ、後者を選んでしまうだろう。良い悪いの問題ではなく、人間とはそういう生き物なのだ。

こうした背景から、私はユーチューブの動画を制作する際、少なくとも最初に目に入るサムネイルやタイトルでは、「正義」を前面に押し出すのではなく、「欲望」を刺激することを意識している。具体的には、「もっと知りたい」「何だか面白そう」と思わせる要素を盛り込むようにしている。これにより、まず視聴者の関心を引き、その後に動画の中身で本当に伝えたいメッセージを届けるという戦略を取っている。

その結果、私のサムネイルやタイトルは、しばしば過激だと受け取られることがあるし、批判されることも少なくない。しかし、それは「視聴者の目に留まり、彼らに届けるための戦略」であり、動画の中身でしっかりと価値を提供することに重きを置いている。

正直に言えば、そうしたサムネイルやタイトルを作る際に、心の中で葛藤を感じることもある。しかし、私はそれを「手段」として割り切り、最終的には動画の中身で勝負を懸けている。

情報発信者として、多くの人にメッセージを届けるためには、「欲望」と「正義」のバランスを巧みに取り、戦略的に広めることが求められる。情報が溢れ、誰もが容易に発信者となれる現代において、社会問題への関心を引き起こすためには、この現実に立ち向かい、挑戦し続けなければならない。

安全な日本から発信するだけでいいのか

私のユーチューブ活動は、コロナ禍の巣ごもり需要によって予想外の追い風を受けた。人々が家に閉じこもる中、ユーチューブの視聴者は急増し、私が制作した戦争、貧困、環境破壊などの社会問題に関する解説動画も、多くの視聴者に届くようになった。
反響は大きく、チャンネル登録者は急速に増えた。2021年11月末にはついに10万人を突破し、記念にユーチューブから「銀の盾」が自宅に送られてきた。それを手に取った瞬間、初めて自分が本当に「ユーチューバー」として認められたのだと実感した。収入も安定し、書籍の出版も決まり、仕事は順風満帆に見えた。

学生時代から振り返ると、2年近くも海外に出ない生活は初めてだった。しかし、不思議なことに、その生活は居心地が良かった。仕事も順調で、巣ごもり需要がユーチューブ活動を後押ししてくれている。心の奥底で「このままコロナ禍が続いてくれたら……」と思ってしまうことさえあった。

しかし、その裏には常に一つの葛藤があった。**「安全な日本から発信しているだけで本当にいいのか」**という自問だ。
コロナが猛威を振るっている間、日本からの出入国やアフリカ諸国への入国が制限されていたため、「自宅にいながら動画を作る」という現状を正当化することは容易だった。しかし、2022年に入り、「ウィズコロナ」という風潮が広がり始め、海外への渡航制限も徐々に緩和されるにつれて、その葛藤はますます強くなっていった。

たしかに、自宅にいながら本やネットで情報を調べ、それをまとめるだけでも動画は作れる。だが、それだけで本当に「現場のリアル」を伝えられるのか。

私はこれまで現場で長らく活動してきた。だからこそ、「現場のリアルを伝えるには、自分自身が机上の情報をまとめるだけのユーチューバーにとどまっていては不十分ではないか」という問いが、胸の中で大きく膨らんでいった。

さらに、今の時代は「何を発信するか」よりも「誰が発信するか」が重視される時代だ。アフリカをはじめとする世界の問題をユーチューブで扱う人は少ないが、それでも一定数は存在する。その競争の中で、私にしかできない価値を提供したいという思いが強くなった。

現地に足を運び、自ら取材した情報を発信することで、原貫太だからこそ伝えられるものにこだわりたい。 ユーチューブ活動を続ける中で、その思いは次第に、明確な決意へと変わっていった。

そして、2022年6月、日本からの出入国やウガンダへの入国制限が条件付きで緩和される中、私はついに決断した。2年3カ月ぶりにアフリカ・ウガンダへ渡航し、現地取材を再開したのだ。ここから、私の新たな海外取材の旅が始まった。

この決断は、私が単なる「ユーチューバー」にとどまらず、「ジャーナリスト」としての道を歩み始める転機となる。現地の声を拾い、その場で撮影した映像と共に、「現場のリアル」を伝える——それこそが、私が心から求めていたものであり、私の使命だと決意を新たにした瞬間だった。

どんなに貧しい場所でも豊かさは存在する

数多くの海外取材を経験してきた中で、私の取材方法に大きな転機をもたらした出来事がある。それは、2023年3月に訪れたウガンダ北東部カラモジャ地域での取材だった。

N
0
100km
南スーダン
ケニア
コンゴ民主共和国
カラモジャ地域
ウガンダ
キョーガ湖
アルバート湖
カンパラ
ビクトリア湖
ルワンダ
ブルンジ
タンザニア

ウガンダの首都カンパラは、高層ビルやショッピングモールが立ち並び、経済発展が目覚ましい都市だ。しかし、その華やかな都市を離れ、北東へと車で約10時間走ると、まるで原始の時代から変わらないかのようなカラモジャという地域にたどり着く。

ここは、ウガンダの中でも特に経済発展から取り残された地であり、飢餓が常態化している。アフリカ全体で見ても、最も貧しい地域の一つと言っても過言ではない。

私はこのカラモジャを訪れ、現地の厳しい現実と、それに立ち向かう日本のNGOテラ・ルネッサンスの支援活動を取材した。

カラモジャでは飢餓が深刻で、極度の栄養失調に苦しむ子どもたちの姿が至るところに見られる。その貧困の深刻さは、これまで私が見てきた中でも群を抜いていた。私はこの厳しい現実を伝えるため、カラモジャの飢餓をテーマに据えた動画を制作した。その動画は大きな反響を呼び、再生回数は59万回を超えた。

しかし、カラモジャでの取材を終え、日本に帰国した後、私は心のバランスを崩してしまった。

帰国した直後、仕事で東京の渋谷を訪れる機会があった。ほんの数日前までカラモジャで飢餓に苦しむ子どもたちと向き合っていた自分が、今や日本で最も発展した街を歩いている。その瞬間、私の中に強烈な違和感が生まれた。

飢餓で命を落としかねない子どもたちがいるカラモジャと、大型広告やファッションビルが立ち並び、買い物やデートを楽しむ若者たちで溢れる渋谷――まるで別世界を行き来しているかのようだった。

海外取材を終えて日本に帰国すると、「全く異なる世界の現実」が一気に私に覆いかぶさり、目の前の状況を受け入れられない「違和感」に襲われる。アフリカの貧困地域のような、日本とは全く異なる環境に身を置けば置くほど、その「違和感」は一層強くなる。

特に今回、カラモジャという飢餓に苦しむ子どもたちがいる地域から帰国した後は、これまで経験した中でも最も強烈だった。**同じ地球に住み、同じ人間でありながら、これほどまでに生活状況が異なるのか**――両方の現実を目の当たりにしている私だからこそ、「世界の不条理」を肌で感じずにはいられなかった。

その違和感を、同年代の映像作家の友人に話してみた。彼は、ある国での政変によって困難な状況に置かれている人々を取材している。私とは異なるフィールドで活動しているが、彼もまた、世界の不条理と向き合っていた。だから、日本に帰国した際、私と同じようにそのギャップに苦しむことはないかと尋ねてみたのだ。そこで彼が放った言葉が、私の取材方法を変えるきっかけになった。

「どんな場所であっても、その土地なりの豊かさがある」

どれほど厳しい現実に直面している場所であっても、私たちが学びを得ることができる「豊かさ」が必ず存在する。

そして、その豊かさに触れた時、決してネガティブな感情だけに囚われることはないと彼は語った。

その言葉を聞いて、私ははっとした。これまでアフリカで長年活動してきた中で、どれだけ貧困に苦しめられている地域でも、その土地にはその土地なりの豊かさが確かに存在していた。

例えば、経済的には非常に貧しい生活を送っているにもかかわらず、私のような外国人が訪問した際、年に一度しか手に入らないような炭酸ジュースをご馳走《ちそう》してくれる彼らなりの最大のおもてなし。また、服はボロボロで裸足で駆け回る子どもたちが、ごみを集めて手作りのサッカーボールを作り、無邪気に遊ぶ姿。決して経済的には恵まれていないけれど、今の日本ではなかなか見られなくなった「豊かさ」がそこにはあった。

カラモジャでも同じことを感じていた。飢餓が問題になっているカラモジャでさえ、住民たちは常に悲壮感を抱えているわけではない。私が訪れた際、彼らは温かく迎えてくれ、子どもたちは見知らぬ外国人と楽しそうに交流してくれた。**どれだけ厳しい環境であっても、彼らには笑顔になれる瞬間があり、その瞬間が、彼らなりの豊かさを象徴していた。**

カラモジャに入る前、私は「飢餓」をテーマに動画を作ることに決め、そのテーマに関連する厳しい場面に焦点を当てて映像を撮影していた。しかし、カメラを回していない場面では、人々の笑顔やささやかな幸福にも触れることができた。

私は、ネガティブな問題だけでなく、こうしたポジティブな側面も伝えたいと思うようになった。いや、むしろ現地のありのままを伝えれば、おのずとその両方が伝わるはずだ。

この気づきから、私は海外取材を行う際、あえてテーマを一つに絞らず、現地のさまざまな場所を回り、ありのままを伝える方法を選ぶことにした。

問題を抱えた場所にも、その土地や人々なりの幸福が存在する。これからの取材では、困難な状況の中にある豊かさ、そしてその土地の人々が持つ力強さを余すところなく伝えていこう。現場の厳しさを伝えるだけでなく、その背後にある多様な物語をも掘り起こす——これが、私がカラモジャでの経験から得た新たな取材方法だった。

現地の「ありのまま」を伝える重要性

カラモジャでの経験は、私の取材スタイルに大きな変革をもたらした。それまでは、取材前に特定のテーマを設定し、そのテーマに沿って日本で事前に構成や原稿を準備していた。現地では計画通りに撮影を進め、撮影した映像を背景に、現場で収録したインタビューを一部挿入しながら、ナレーションを重ねて現場の問題を伝えるというスタイルだった。この方法は効率的であり、視聴者にとってもわかりやすく情報を提供できる手法だった。しかし、私は次第にその限界を感じ始めていた。

2023年9月、コンゴでの取材がその転換点となった。カラモジャでの経験や映像作家の友人からの助言を通じて、私は現地の「ありのまま」を伝えることの重要性を深く実感していた。

コンゴに向かう前、私は特定のテーマに縛られず、現地で何が起こるかをそのまま受け入れることを決意した。事前に用意されたシナリオに頼るのではなく、その場で出会う人々、広がる光景、感じ取る空気――すべてが取材のテーマとなり得ることに気がついたからだ。

コンゴに到着すると、私はさまざまな場所を巡り、現地で働く人々にインタビューを行い、時には彼らと同じ食事を共にしながら、現地の生活に深く入り込むことに注力した。これまでのナレーション中心の取材スタイルとは異なり、私はその場に身を置き、見たこと、聞いたこと、感じたことをそのまま伝えることを目指した。現場に立ち、そこで息づく人々の声を直接聞き、その生活を肌で感じる――それは単なる情報収集を超え、現場のリアルを伝えるという使命感を強く抱かせた。

この新しい取材方法は、特に貧困地域や紛争地でその真価を発揮し、コンゴでの取材は、従来の枠に囚われない多面的な報道を生み出すことができた。テーマに縛られず、現地の声を拾い上げることで、視聴者にとってよりリアルで臨場感のある映像を届けられる。

この「現地のありのままを伝える」スタイルこそ、私がこれからも目指していくべき方向性だと確信した。

「肖像権を侵害していないか」という葛藤

しかし、「現地のありのままを伝える」という取材方法には、避けては通れない葛藤も存在する。それが、肖像権の問題だ。

肖像権とは、一般的に、人が無断で他者から映像を撮られたり、撮影された映像を無断で公表されたりしない権利を指す。

私が貧困地域や紛争地を訪れる際には、現地での取材は長年活動している支援団体に同行して行うことが多く、その職員の助言や方針を尊重しながら進めている。

しかし、現場での取材では、予期せぬ状況に遭遇し、偶然出会った人々から話を聞いたり、映像を撮影したりすることが頻繁にある。そういった場面で「出演承諾書」を書いてもらうことは現実的ではない。

インタビューの際には、通訳を通じて口頭で撮影の許可を取るよう努めているが、その場の状況的に、許可を取る余裕がない時もある。また、取材対象者がどれほど肖像権の概念を理解しているかも不明であり、そもそも私が足を運ぶ地域では、肖像権という概念自体が存在しないことが多い。

そのため、取材を進める中で、私は次第に葛藤を抱くようになった。

私の仕事は、彼らの肖像権を侵害することで成り立っているのではないか。彼らを踏み台にして自分は利益を得ているのではないか。万が一、その映像を見た本人が不快に感じ、訴えを起こされたらどうなるのか――そんな不安が頭をよぎることもある。

もちろん、公共性がある報道においては、私たちジャーナリストには報道の自由が認められている。ただし、この自由は他の権利や社会的利益とのバランスを取る必要がある。ましてや私は、もともとは現場での支援活動に携わってきた人間だからこそ、現地の人々に寄り添いたいという気持ちや人権を尊重したいという思いも強く持っている。

この葛藤にはまだ明確な答えが見つかっていないし、そもそも明確な答えが存在するのかもわからない。しかし、自分なりに守っている二つの基準がある。

一つは、**取材対象者を不利な状況に追い込まない**こと。第1章で触れたコンゴ取材でも、武装勢力の司令官の映像を使わない選択をしたのはそのためだ。日本語で発信している限りは視聴者が限定されるため、現実的なリスクは低いかもしれない。しかし、どれだけ公共性があろうとも、取材対象者が不利になる可能性があるならば、報道には細心の注意を払わなくてはならない。

もう一つは、**伝えることにどれほどの意義があるか**という点だ。取材で収集した情報や映像が、単なるエンタメになったり、ただ好奇心を満たすだけでは意味がない。私が伝える内容が、人々に影響を与え、社会に変化をもたらす可能性があるか――その意義を常に問い続けている。

伝えることで、たとえ間接的であっても、取材対象国の現状に対する理解が深まり、世界の問題が解決に向かう一歩となるかどうか。私の報道が視聴者の行動や意識を変え、寄付や支援活動への関心を高めるきっかけとなるか。国際協力に携わってきた者として、この視点を常に心がけている。

これらの基準が正しいかどうか、ジャーナリズムの経験が浅い私にはわからない。しかし、現場のリアルを伝える責任と、取材対象者の人権を守る責任——その両者の間で揺れ動きながらも、私は自分の使命を全うしていきたい。

「なぜ撮影するだけで助けないのか」

アフリカをはじめ、世界各地の貧困地域や紛争地を訪れ、現地の実情を取材し、それをユーチューブで発信する——これが私の仕事だ。カメラを片手に、現地の厳しい現実を記録し、その映像を世界に届けることで、見知らぬ土地で生きる人々の生活に光を当てる。

取材中、私はさまざまな現実に直面する。過酷な環境で働く子どもたちにインタビューをすることもあれば、貧困に直面する家庭を訪れ、その暮らしぶりをカメラに収めることもある。時には、紛争で親を失った孤児たちから胸を締めつけられるような体験を聞き、深刻な病気に苦しむ子どもたちを撮影することもある。

ところが、こうした取材映像をユーチューブに投稿すると、しばしば次のようなコメントが寄せられる。

「なぜ、ただ撮影するだけで、助けないのか？」

この問いには、多くの場合、批判のニュアンスが含まれている。「本当に現地の状況を改善したいのなら、話を聞いたり、映像を撮影したりするだけではなく、もっと直接的な支援を行うべきではないか」という批判だ。これは、私個人へのものだけでなく、ジャーナリズムそのものへの疑念でもある。

たしかに、私は取材に協力してくれた方々に少額の謝礼を渡したり、子どもたちにささやかな食べ物を手渡したりすることはある。しかし、基本的にはその場で直接的な支援活動を行ったり、大きな金額を提供したりすることはない。

私が重きを置いているのは、現地の状況を「伝える」ことだ。しかし、その一方で、助けたいという気持ちがないわけではない。むしろ、カメラを通して見る光景は、「何か力になれることはないか」と、時に私の心を強く揺さぶる。

「なぜ、ただ撮影するだけで、助けないのか?」——アフリカの厳しい現実を映し出す映像や写真を目にした人なら、一度はそう感じたことがあるかもしれない。しかし、この疑問が向けられてきたのは、私一人だけではない。歴史を通じて、ジャーナリズムに携わる者たちは、常にこの課題と向き合ってきた。そして、この問いが、世界的な論争を引き起こすことさえある。

1993年、あるカメラマンが撮影した1枚の写真が、「なぜ、ただ撮影するだけで、助けないのか?」という疑問を世界中で巻き起こした。

『ハゲワシと少女』という写真をご存じだろうか。1993年、南アフリカの写真

ケビン・カーター『ハゲワシと少女』　©Kevin Carter / Gatty Images

家ケビン・カーターがスーダンで撮影した1枚だ。飢餓に苦しむ幼い少女が倒れ込むように地面にうずくまり、その数メートル後方には彼女を見つめるハゲワシが立っている。今にも命が尽きそうな少女と、その背後に迫る死の象徴であるハゲワシ――この衝撃的な構図は、1993年3月26日付のニューヨークタイムズ一面に掲載されるや否や、瞬く間に世界中で注目を集め、アフリカの飢餓問題を象徴するイメージとして広がった。

カーターはこの写真で、ジャーナリズムの分野で最も権威ある賞の一つであるピューリッツァー賞を受賞した。

しかし、同時に激しい批判にもさらされることになる。「撮影するのではなく、なぜ真っ先に少女を助けなかったのか？」という問いが、多くの人々から投げかけられたのだ。批判は米国の『タイム』誌などを中心に沸き起こり、報道のモラルを問う論争にまで発展した。ニューヨークタイムズは、「写真家の報告によると、ハゲワシが追い払われた後、少女は再び歩き出すまでに回復した」と異例の「お断り」を掲載するに至った。

『ハゲワシと少女』が再び注目を浴びたのは、写真が掲載されてから1年4カ月後のことだ。撮影者のケビン・カーターが、自ら命を絶ったのだ。享年33だった。

彼の自殺の原因としては、薬物中毒や躁鬱《そううつ》が指摘されているが、周囲の人々によると、彼自身「なぜ助けようとしなかったのか？」という批判に苦しんでいたという。

カーターが撮影した『ハゲワシと少女』、そして彼の自殺は、報道写真の力とそれに伴う倫理的な問題、ジャーナリストとしての「事実を伝えること」と「人が人を助けること」の葛藤を世に問いかけるものとなった。

『ハゲワシと少女』は、飢餓や貧困の現実を映し出すと同時に、報道という行為に内在する倫理的なジレンマも浮き彫りにしている。伝える者がいなければ、アフリカの大地で起きた悲劇は誰にも知られることがなかっただろう。**知られなければ、それは存在しないのと同じだ。**

しかし、カメラでは目の前の人を救うことはできない。むしろ、目の前で苦しむ人々を映すことで、取材者は生計を立て、時には名声すら得ることができる。カーターもまた、『ハゲワシと少女』を撮影する前から、仕事が増えるたびに名声が上がることを恐れていたという。

私自身、現地で動画を撮影し、それをユーチューブにアップするたびに、似た葛藤を抱える。

カメラでは目の前の人を救えない。それなのに、困っている人々がいるからこそ、私は動画を作り、そこから収益を得て生計を立てている。動画を作るたびに、再生回数やチャンネル登録者数といった「名声」を手に入れることができる。直接的には誰も助けていないのに、多くの人々から私の活動は賞賛されている。まるで現地の人々を踏み台にして、自分の生活が成り立っているように感じることすらある。

「お前のやっていることは貧困ビジネスと変わらない」

そんな批判が寄せられたこともあった。

ジャーナリズムの原則が多くの命を救う

「困っている人たちを助けたい」という純粋な思いから、かつての私は国際協力の道を選び、現地での支援活動に心血を注いできた。人々の苦しみに寄り添い、少しでも彼らの生活を改善したいという情熱が、私を突き動かしてきた。だからこそ、「なぜ、ただ撮影するだけで、助けないのか?」という言葉には、鋭く反応してしまう。それは、私の中で大切にしてきた思いが否定されるように感じるからだ。そして、そのたびに、私はある現実に直面させられる。

伝えることは、未来の誰かを救う可能性はあっても、今この瞬間に目の前にいる人を救うことはできない。

私は医者ではない。看護師でもない。どれほど強く願っても、カメラでは目の前の誰一人として救うことはできない。現地で目にする過酷な現実と問題の大きさに、私自身も無力感に苛まれることがある。だからこそ「なぜ撮影するだけで、助けようとしないのか？」という問いを受けるたびに、その理由を自分の内で深く問い続けてきた。

一つの答えは、ジャーナリズムの基本的な原則にある。

ジャーナリズムには、「公平性を保つこと」や「取材対象に過度に介入しないこと」という重要な指針がある。これらの指針は、報道が偏らず、広く信頼されるための基盤だ。感情に流され、その場で支援を行えば、報道の客観性が損なわれる危険性がある。事実をありのままに伝えることが、より大きな影響を生むための第一歩なのだ。

目の前の数人を救うことには、その瞬間には確かな価値がある。しかし、**事実を**

広く伝えることで、結果的により多くの命を救うことができるという考え方もある。歴史を振り返れば、広範囲にわたる報道が世界中の人々の意識を変え、大規模な支援活動につながった例は数多い。アフリカの飢餓や人権侵害に関する報道が、国際社会の圧力となり、政策の転換や大規模な支援を引き出したケースもある。ジャーナリストたちが伝えた映像や記事は、遠く離れた場所で行動を促し、結果として数え切れないほどの命を救ってきた。

ジャーナリズムに徹することで、長い時間をかけて多くの命を救うことができる。それは一瞬の行動ではなく、持続的な影響力を持つものだ。この信念が、私を支え続けている。そして、その信念こそが、私が「伝える」という活動に軸を移した大きな理由でもある。今この瞬間には無力に感じることがあっても、未来に希望を見出し、伝え続けることで人々の意識を変え、結果として世界をより良い方向に導くことができる――この信念が、私の歩む道を照らし続けている。

中途半端な支援は人々のためにならない

もう一つの理由は、**中途半端な支援が、逆に現地に混乱をもたらす可能性がある**からだ。

目の前に困っている人がいたら、その場で助けたいと思うのは、人間として自然な感情だ。特に、困窮する人々を目の当たりにすると、即座に手を差し伸べたいという衝動に駆られるかもしれない。

しかし、現場での支援が浅はかだったり、深く考えずに行われたりすると、その善意が予期しない結果を招くことがある。

例えば、短期的な支援によって一時的に困難が和らいだとしても、その支援が持続せずに途絶えてしまえば、現地の人々は再び同じ困難に直面することになる。この繰り返しが続くと、現地の人々は外部からの支援に依存し、自らの力で自立するための能力を失ってしまう危険性がある。

実際に、私が取材で訪れたウガンダのカラモジャでは、支援団体が不定期に実施する食料支援が、支援への依存を生んできたと指摘されている。支援が一時的な「魚を与える」行為にとどまれば、それは現地の長期的な発展にとって逆効果となりかねない。

本当に意味のある支援とは、よく言われるように「魚を与えるのではなく、魚の釣り方を教えること」にある。つまり、支援を提供する者がその場から去った後も、現地の人々が自立した生活を送ることができるような支援が求められる。

しかし、この「魚の釣り方を教える支援」は、決して容易なものではない。現地の文化や価値観、社会構造を深く理解し、適切な方法でアプローチする必要がある。それには時間と労力がかかり、試行錯誤を重ねることも求められる。

私はアフリカを訪れるたびに、現地で長年にわたり支援活動に取り組んでいる方々と話をする機会がある。彼らの話から浮かび上がるのは、表には出てこない多くの苦労だ。支援を受け入れる側の人々が、自分たちの文化や伝統を守りつつ、新しい技術や知識を受け入れるには、時間と忍耐が求められる。また、外部からの支援者が自らの価値観を押し付けず、現地のニーズに寄り添う形で支援を提供することも重要だ。

もし、その場の感情に流されて、安易な支援活動をしてしまえば、現地に依存を生み出すだけでなく、支援を受ける前よりも状況が悪化することさえある。短期的な支援がもたらすのは、一時的な救済にすぎず、長期的には問題を深刻化させるリスクがある。だからこそ、支援活動は慎重かつ計画的に行われなければならない。

中途半端な支援が現地に混乱をもたらす可能性があるからこそ、私は現地での撮影と、そこで得た事実を広く伝えることに専念している。撮影を通じて現地の実情を多くの人々に伝えることで、支援の必要性や問題の深刻さを広く理解してもらうことができるからだ。

支援者に同行するという報道の形

ジャーナリズムには、確固たる原則がある。そして、国際協力に関わってきた人間として、本当に意味のある支援の難しさを理解している。だからこそ、私は「伝える」という仕事に専念してきた。しかし、それで「カメラでは目の前の人を救えない」という葛藤が消えるわけではない。正直に言えば、こうして文章を書いていると、どこか無理に自分を納得させようとしている感覚に陥ることもある。

私が取材で足を踏み入れる地域では、目の前に広がる厳しい現実に圧倒される。極限の貧困、飢えに耐える子どもたち、紛争の影響を受ける地域社会――それらを目にすれば、ただ撮影するだけでなく、何か直接的な支援をしたいという衝動にも駆られる。

しかし、その一方で、私は一人のジャーナリストとして、事実をありのままに伝えることが最優先であるという責任も自覚している。この二つの思いの間で揺れ動く中で、私は何度も自問自答を繰り返した。

本音を言えば、伝える活動と意味のある支援、そのどちらも両立できるのが理想だろう。しかし、私一人の人間ができることには限界がある。もし私が、目の前の困難に対して手を差し伸べることにばかり集中してしまえば、ジャーナリストとしての役割が中途半端になってしまうかもしれない。逆に、報道のみに集中すれば、今すぐに助けを必要としている人々を見捨てることになるかもしれない。

このジレンマの中で、私は何度も立ち止まり、考え続けてきた。

だからこそ、私は現地での取材において、日本人の支援者に同行するという方法を選んでいる。これにより、私はジャーナリストとしての使命を果たしつつ、支援の現場に深く関わることができるようになった。

第1章で触れたコンゴ民主共和国の取材でも、現地で長年活動するテラ・ルネッサンスの小川真吾に同行し、彼の活動を通じて、現場のリアルな姿を視聴者に伝えることができた。このアプローチは、ウガンダ、ブルンジ、タンザニアなど、その他の国々でも同様に取り入れてきた。

同行する支援団体や日本人を選ぶ際には、特に「草の根で現地の人々と向き合ってきたかどうか」を意識している。私がその地域に滞在できるのは、数日から、長くても数週間程度。その限られた時間では、現場の実態を深く理解することは難しい。だからこそ、**長年にわたり現地の住民と信頼関係を築いてきた日本人の力を借り、よりリアルな現場の実態を取材することが重要だと感じている。**

このアプローチは、私がジャーナリズムに徹しながらも、支援の現場に貢献できる方法でもある。現地の実情を伝えるだけでなく、同行する支援者の活動も紹介し、視聴者に寄付を呼びかけることで、困っている人々の直接的な支援につなげる。

国際機関や大規模な国際NGOは、莫大な資金や影響力をもとに広報活動を行い、その活動が広く認知されやすい。しかし、草の根の支援活動は、そうした広報の恩恵を受けにくいのが現実だ。私は、自らの取材と発信を通じて、こうした活動がどれほど重要であるかということを伝えたい。

例えば第1章でも触れたように、紛争が続くコンゴ東部で、テラ・ルネッサンスの小川真吾は、武装勢力から解放された若者たちと向き合い、技術訓練を通じて彼らに新たな仕事を提供してきた。こうした活動は地道であり、成果が現れるまでには時間がかかる。一人ひとりに寄り添った支援は、大規模な食料援助のような即効性やインパクトが少なく、注目されることも少ない。それでも、こうした草の根の支援活動がなければ、取り残される人々は存在し続けるだろう。

また、**日本の支援団体に同行することで、現地の取材対象者からの理解を得やすいと感じている。**

紛争や貧困が起きている地域で、何のつてもない外国人ジャーナリストが「生活はどうですか？」「問題は何ですか？」と質問し、撮影だけしてその場を立ち去る——そういったやり方を耳にするたび、私自身も「現地の人々へのリスペクトが欠けているのではないか」という違和感を抱いてきた。

現地の人々の中には、自分たちがただの被写体として扱われることに嫌悪感を抱く人も少なくない。「写真を撮るだけ撮られて、何も変わらない」という不満や戸惑いの声を聞くたびに、そのやり方への疑問がさらに強まった。そのため、現地住民との信頼関係を築きながら課題解決に取り組む支援団体に同行することは、私自身の「現地の人を取材対象として扱うだけでいいのか」という葛藤に、一つの答えを与えてくれる。

一方で、日本の団体に同行して取材をしていたとしても、「支援はしてくれないのか」と、期待を裏切られたような表情を浮かべられることもある。彼らにとって、目の前の課題は切実であり、取材よりも直接的な支援を求めるのは当然のことだ。そのため、私は「伝えることで、より多くの支援につなげる」という目的を説明し、支援団体の活動の一環として取材していることを伝えるようにしている。このようなアプローチにより、取材への理解を得ることができることが多い。中には「もっと私たちの現状を世界に伝えてほしい」と期待する人も多い。彼らは、自分たちの声が世界に届き、それが支援の輪を広げるきっかけになることを願っている。

私のこの取材方法が正しいのかどうか、正直なところ、自分でも確信が持てない部分がある。そもそも現地で活動する団体に同行している時点で、ジャーナリズムの原則が揺らいでいるのではないかという不安もある。

しかし、私はユーチューバーであり、ジャーナリストであると同時に、「国際協力師」としての責任も背負っている。だからこそ、「伝える」ことを通じて、今ある世界の問題に少しでも貢献できる方法を模索し続けなくてはならない。

もっとも、この取材方法は理想であり、すべての場面で実践できているわけではない。必ずしも日本の支援団体が活動している場所だけを取材しているわけではなく、現地出身の通訳やガイドに同行して取材を行うこともある。

そのような場合、現地の課題解決に直接的な貢献ができないと感じることもあった。それでも、どのような状況下でも、私はできる限り現地を深く理解する人に同行し、現地の人々と目線を合わせ、彼らの声をそのまま伝えることを心がけてきた。たとえ支援が伴わない取材であっても、その実態を発信することで、新たな関心や行動を生むきっかけになると信じている。

国際協力師の肩書きを背負う以上、限られた時間の中で、取材を通じて彼らの声を世界に届け、多くの人々に問題意識を持ってもらうことが、私にできる最大の貢献だと信じている。たとえその方法が完璧でなくとも、**私は現場に足を運び、彼らと共に時間を過ごし、その声を伝えることで、少しでも世界を動かす力になりたい。**

影響力が増えるにつれて私は孤独になった

コロナ禍の最中に始めたユーチューブでの発信活動。最初は日本にいながらにして解説系の動画を中心に配信していたが、やがてコンゴなど海外での取材動画が広く視聴されるようになり、チャンネル登録者数も順調に伸びていった。この原稿を書いている時点で、その数は33万人を超え、いつの間にか「インフルエンサー」として認知される存在になっていた。

世界をより良い場所にするために、自分が世の中に影響を与えられる存在になりたい――ユーチューブを始めた当初、私はそんな理想を胸に抱いていた。自分の発信が誰かの意識や行動を変えることで、この世界が少しずつ平和に近づくのではないか。その思いが、私を突き動かしてきた。道のりはまだ半ばであるが、当初描いていた理想の姿に少しずつ近づいているのは間違いない。

しかし、**インフルエンサーとしての影響力が増すのと比例するかのように、私の心には、次第に深い孤独感が巣食うようになった。**

講演会やイベントで「いつも動画を観ています」「ファンです」と声をかけてもらうことが増えた。最初のうちはその言葉に励まされ、喜びを感じていたが、次第に本当の自分がわからなくなっていった。

ある夜、たくさんのファンと握手を交わし、自分の本に何十人分とサインを入れるイベントが終わった後、居酒屋が立ち並ぶ騒がしい通りを一人で歩きながら、ふと感じたことがある。街は賑《にぎ》わっているのに、その中で自分だけが取り残されているような感覚がしたのだ。

突然襲ってくる途方もない孤独感――それはまるで、私自身が「原貫太」という偶像に縛られているような感覚だった。

ファンやフォロワーが見ているのは、ユーチューブ上に存在する「原貫太」という人物像にすぎない。それは多様にある私の側面の一面にすぎず、むしろ良い面だけが映し出されている。

実際の私は、弱さや悩み、時には深い葛藤に苛まれている。しかし、インフルエンサーとしての立場が大きくなるほど、**偶像としての「原貫太」と実像としての「原貫太」の間の乖離は広がり、本当の自分がどんな人間であるのか、次第に見えなくなっていく。**私は手を出したことはないが、売れた芸能人が薬物に手を出してしまったり、お酒に溺れたりしてしまう理由が少しだけ想像できるようになった。

孤独感に耐えられなさそうな時、私も何度か深酒をしたことがある。少なくともその瞬間は、偶像と実像の境界線が曖昧になって、孤独から逃避することができた。

フォロワーが増えるたびに、孤独感も比例するように強まっていった。「原貫太とはこういう人だ」というイメージが膨らみ、気づけばそのイメージに沿って振る舞う自分がいる。そのうち、自分自身の本質がぼやけ、見失いそうになる。人は誰もが複数の仮面を持って生きているものだが、インフルエンサーとしての「仮面」が厚くなるにつれ、孤独も増していくように感じる。

大学時代から友人は少なかったが、今はますます友達作りが難しくなった。会う人の多くが「ユーチューバー」としての私を見ており、そこから一歩踏み込んで、本当の私を知ろうとする人は少ない。「応援しています」「ファンです」と言われるのは嬉しいけど、同じ目線で語り合える友人にはなれない。日を追うごとに、何者でもなかった頃の私を知っている学生時代の友人たちが、どれほどありがたい存在だったのかと気づかされる。

とあるファンの方と二人で食事をした際、「一対一で話すと、意外と普通の人なんですね」「弱さや悩みを抱えている姿にも、私は惹かれます」と言われた。その何気ない言葉がとても嬉しくて、帰宅後、思わず一人で泣いてしまった。もしかすると、お酒の影響で涙もろくなっていただけかもしれないが、それでも心に深く響き、確かに救われたのは間違いない。

フォロワーが33万人いても、この仕事は孤独だと感じる瞬間がある。

私が発信しているテーマは貧困や紛争といった深刻な内容が多く、軽々しい会話や交流がしにくいことも要因の一つだろう。それでも、この道を選んだ自分には責任がある。その責任を全うするために、これからも「原貫太」という偶像と実像の間で葛藤しながらも、私にできることに真摯に取り組み続けるしかない。

取材地域が過酷なほど帰国後に心が崩れる

海外の過酷な環境から日本に戻るたび、私の心は大きく揺れ動く。貧困や紛争の厳しい現実と、東京の喧騒と煌《きら》びやかな日常との間に広がる途方もないギャップ。それはまるで、二つのパラレルワールドを行き来しているかのようで、時折、自分がどこに生きているのかわからなくなる。

そして、周囲の人々とは絶対にわかり合えないような感覚に囚われ、深い孤独感に襲われる。

ウクライナとウガンダでの取材を終えて帰国した２０２２年9月、そしてコンゴとブルンジでの取材を終えて帰国した２０２３年10月、私は心の中で何かが崩れるのを感じた。

平穏な日本の地に足を踏み入れるたびに、その安心感に包まれると同時に、心は次第に沈み込み始める。特に２０２３年の帰国時は、自宅に戻ってベッドに倒れ込んだ瞬間、全身から力が抜け、体の重さに押しつぶされるような感覚に襲われた。

帰国後、たいていの場合、私は重度の鬱症状に襲われる。長期間にわたり緊張感とストレスにさらされ続けた反動なのだろう。気分が極端に落ち込み、仕事に集中できなくなるどころか、心の中に巣食う漠然とした不安で、日常生活さえままならなくなる。感情のコントロールが利かず、突然涙が溢れてくることもある。

海外の現場では、次々とアイデアが湧き出し、精力的に活動できるのに、日本に戻るとそのエネルギーが嘘のように消え失せ、ベッドから起き上がることさえできないほど抑鬱に苦しむ。

その根本的な原因は、おそらく２０１８年に患った適応障害にあるのかもしれない。あの時の経験が、もしかしたら、今でも私の心に暗い影を落としている。心が沈んでいる時には、過去に病を抱えたことへの後悔が湧き上がる。あの瞬間、私の中で何かが壊れてしまったのではないか、と。

それでも、しばらく休むことで、少しずつ回復していくことが多い。やがて、何かに取り組みたいという気持ちが心の奥底から湧き上がり、小説を読んだり、動画編集に没頭したりする。何か一つのことに深く集中する過程で、頭の中を占める鬱の感情が次第に薄れていき、気づけば再び日常の仕事に戻っている。

こうした心の揺れ動きに対処するため、運動やサウナを習慣化し、帰国後の数日間は予定を入れず、心の沈みを予期して過ごす。しかし、取材で訪れる地域が過酷で、緊張感を強いられる場所であればあるほど、これらの対策にも限界があることを痛感している。戦時下のウクライナや、「世界最悪の紛争地」とされるコンゴでの取材は、自覚しつつも、その影響の深さに気づかぬまま、静かに私の心は蝕まれていた。

それでも、これからも私は過酷な環境へと取材に向かうだろう。しかし、そうした地域に足を運ぶたびに、長期間にわたるストレスへの反動や、取材地域と日本の間にあるギャップに葛藤し、心の調子を崩すことは容易に想像がつく。

安全で快適な日本にとどまり、それなりに幸せな生活を送る選択肢もあるはずなのに、なぜ私はこんな仕事を選んでしまったのかと、自問自答することもある。そのたびに**「誰かがやらなければならないことがあるなら、その誰かに自分がなってやろう」**と自らに言い聞かせる。恐怖も葛藤も消えることはないけれど、何度倒れても、また前を向こうと決心する。

こうして文章を綴っていると、読者の皆さんはきっと「原貫太は常に悩みを抱えている人間だな」と感じるかもしれない。

アフリカをはじめとした厳しい環境で活動していると、時にはスーパーマンのように見られることもある。でも、実際の私はそんなに立派な人間ではない。体も弱いし、心も弱い。常に悩みと向き合い続け、仕事においても、人間関係においても、そして自分自身の生き方においても、絶え間なく思い悩んできた。

振り返ると、悩みを抱えている状態こそが、私にとっては「正常」なのかもしれない。悩みと共に生きることで、私は少しずつ自分自身を見つめ直してきた。

どんな人間にも矛盾や葛藤が存在する。それらにどう対処すればいいのか、時には解決の糸口さえ見えないほど悩むこともある。悩むことは苦しい。でも、悩む苦しみを、噛みしめられるだけ噛みしめることも、また大切なのではないだろうか。

他の動物とは違い、人間を人間たらしめるのは、悩むことにあるからだ。**悩みに立ち向かい、どうにかして乗り越えようともがく。その過程で得るものこそが、私たちの成長の真髄なのだろう。**

たとえ明確な答えにたどり着かなくとも、悩みと共に歩んだ道のりが、私たちをより強く、豊かな人間にしてくれる。

第4章

死を意識したアフリカで「生きている実感」を得た

国際協力師になる前は「学校一の問題児」だった

これまでの人生を振り返ると、「自分は他の人とはどこか違うのかもしれない」と感じた瞬間が幾度となくあった。その最初の記憶は、小学生の頃に遡る。

小学校時代、私は合計で約3年間「不登校」だった。家から出ることなく登校しない日もあれば、学校には行っても教室には入らず、保健室や図書室で過ごす日も多かったため、ここではカギ括弧を付けて「不登校」と表現している。

20年も前の出来事なので、記憶は少し曖昧になっているが、小学3年生の終わり頃、ひょんなことをきっかけに、私の「不登校」が始まったように思う。

ある日の昼休み、あれはたしか、みんなでサッカーをしていた時だ。遊びの中で私が何気なく発したひと言で、クラスメイトを傷つけてしまった。いや、私が自己中心的な発言、もしくは空気を読まない発言をして、周りのクラスメイトたちから顰蹙《ひんしゅく》を買ったのかもしれない。いずれにせよ、私はその頃から、学校で「浮いた」存在になり始めた。

休み時間が終わり、サッカーをしていたグラウンドから教室に戻る時、他の子どもたちは私から意図的に遠ざかり、誰も私と一緒に教室に戻ろうとしなかった。仲間から見放されたような気持ちになった私は、教室に戻ることが怖くなり、代わりに校内をただ歩き回り、授業時間になっても、たまたま空いていた別の教室で一人過ごした。その後、心配してくれた担任の先生が迎えに来てくれて、二人きりで話した記憶まではあるが、そこから少しずつ、私の「不登校」が始まっていったように思う。

当時の私は、悪気はないものの、「相手がどう感じるか」を考える前に、自分が思ったことをそのまま口にし、相手を傷つけることが多い子どもだった。その逆に、周りからの冗談やからかいをすべて真に受けてしまい、頻繁に反発する子どもでもあった。同級生たちと心を通わせることができなければ、学校での人間関係はどんどんぎくしゃくしていく。教室に居場所を感じられず、図書室や保健室で過ごす時間がだんだんと増えていった。

そんな生活がピークを迎えたのは、小学6年生の時だ。この1年間は、ほとんど教室に入れず、登校しない日も増え、林間学校や卒業式といった行事にも参加しなかった。思い出と呼べるものはほとんど残っていない。いや、むしろ悪い思い出ばかりだ。同級生とは頻繁に口論になり、先生に叱られるたびに反抗心を燃やしていた。自分が納得できないことがあると、感情を抑えきれず、暴力に訴えてしまうこともあった。同級生や先生と揉《も》め、パニックになると、その場から全力で逃走する。そんな私についた呼び名は「学校一の問題児」。当時のクラスメイトたちが今の私の活動を知ったら、きっと驚くだろう。

6年生で「不登校」がピークを迎えた大きな理由は、周りの子どもたちだけではなく、担任の先生と数えきれないほど衝突したことにある。納得できないことがあれば、たとえ相手が先生であったとしても、私は必ず反発した。

例えば、給食の余りをどう分配するかという問題。先生が「出席簿の順番で一人ひとり欲しいかどうかを聞く」というルールを一方的に決めたことが、当時の私には納得できなかった。周りの子どもたちは先生の決めたルールに素直に従う一方で、私は「欲しい人同士でジャンケンをすればいい」「他のクラスではそうしているし、今までもずっとそうしてきた」「先生の決めたルールは効率が悪い」などと主張し、反発した。

今振り返れば些細《ささい》なことに見えるが、当時の私は、自分が納得できないことには全力で抗っていた。

当然、先生には「生意気な子どもだ」と目をつけられてしまう。とにかく私は空気を読まない、いや、空気を読めない人間だったので、「原さんはクラスの和を乱す人ですね」「そういう子はこのクラスにはいりません」などと言われたこともあった。

母は先生から「この子は精神的にどこかおかしいのではないか」と言われ、私を大学病院の精神科に連れていったこともある。おそらく当時の私は「発達障害」に分類される身だったと思うが、その時の診断では、医師からは「特に問題は見当たらない」と告げられた。かといって、その診断が私の状況を変えることはなく、結局小学校を卒業する最後の日まで、私の「不登校」生活は続いた。

実は小学2年生の頃、定年間近のベテランの先生が、母にこう話したことがあったそうだ。「この子は周りに比べると成長が早く、同じ年齢の子どもたちと一緒の教室に入れるのがかわいそうだ」と。

それがどういう意味なのか当時の私にはわからなかったが、今振り返ると、たしかに何か違和感のようなものを感じていた。周囲の子どもたちと話が合わなかったり、コミュニケーションで困難を感じたりすることがあったように思う。何となく「自分だけが違うのかもしれない」と感じていたが、それをどう表現すればいいのかもわからず、ただ日常の中で居心地の悪さを抱えていたのかもしれない。

特に高学年に上がってから、その違和感はさらに強くなった。

私は中学受験のために進学塾に通い始め、学校の勉強は塾の内容に比べるとはるかに簡単に感じられるようになっていた。クラスの他の子どもたちに比べて、学習面ではずっと先を行っている感覚があり、授業中のやり取りや課題にも次第に興味を持てなくなっていった。

こうした状況も重なって、私は地元の公立小学校では少し浮いた存在だったのだろう。友達と話す内容や先生との距離感も、どこかしっくりこないことが多かった。周囲と違う自分を意識することが増えるにつれ、だんだんと学校そのものが自分に合わない場所だと感じるようになっていった。

学校という環境に馴染めない私は、常に「孤独」と戦っていた。誰も自分を理解してくれないと感じ、揉め事が起こるたびに教室を飛び出し、数えきれないほど上履きのまま学校から脱走した。

近くの公園で一人泣いていた時、心の底では誰かが迎えに来て、寄り添ってくれることを期待していたように思う。我ながら、面倒くさい子どもだった。

そんな「学校一の問題児」だった私だが、母はいつも味方でいてくれた。しかし、それでも私は母に数えきれないほど迷惑をかけた。学校から呼び出しを受けるたびに、母は仕事を途中で抜け出して迎えに来てくれた。子ども心ながら、母が先生に頭を下げる姿を見るのは辛かった。心の中では「自分は絶対に悪くない」と思い込んでいたが、それでも母の姿を見て、罪悪感に苛まれたこともある。当時はインターネットもSNSも普及しておらず、今のように不登校や発達障害について発信する人も少なかった。母は一人で苦しんでいたと思う。
後になって知ったことだが、母は一度、「この子と一緒に死んでしまいたい」と思ったこともあるらしい。自宅で母を泣かせ、それを見た私も泣いて、どこにも逃げ場がないように感じた時期もあった。

学校に登校できても、教室を前にすると足がすくんでしまうため、私は「保健室登校」をすることが多かった。不思議なことに、保健室の先生とは話が合い、そこだけが唯一、学校での居場所だった。
また、進学塾では他の地域の学校に通う子どもたちと一緒だったので、「学校一の問題児」という評判が知られることもなく、受験勉強は大変ではあったが、比較的穏やかな時間を過ごせた。

人間は、自らが所属する居場所、言い換えれば「心の拠り所」の数だけ、自分自身のアイデンティティを築いていく生き物だ。学校や家庭、友人関係、趣味の集まり——多様な居場所を持つことで、心のバランスを保つことができる。私自身、保健室と進学塾という異なる居場所があったおかげで、辛い時期を乗り越えることができた。もしそれらの居場所がなかったら、私はどうなっていただろうか。時折、そんなことを考える。

第2章で述べたように、私は地元の公立小学校を卒業した後、私立の逗子開成中学校・高等学校へ進学した。文武両道を掲げる進学校で、私は勉強と部活に没頭する日々を送った。中学・高校時代、私は常に上機嫌で歌ったり、友達を笑わせたりするのが大好きな生徒だった。自分でも「浮いた」というよりも「目立つ」存在と感じていた部分はあったが、それでも小学校時代のように不登校になったり、クラスメイトや先生と深刻な問題を起こしたりすることはなかった。自由な校風や男子校特有の雰囲気が、私には合っていたのかもしれない。

思い返せば、小学生の私は「学校一の問題児」として知られ、誰が見ても「社会不適合者」だったと思う。

だが、社会不適合者とは、本当に「本人が社会に適合していない」のだろうか。実は、逆に「**社会が本人に適合していない**」という考え方もできるのではないだろうか。自分が変わる必要はなく、周りの環境が変われば、自然とその社会に溶け込めることもある。中学生の頃、思い切って環境を変えてみたことで、私はそのことに気がつくことができた。

馴染めない私でも生きやすさを感じる居場所

大人になった今でも、自分が「社会不適合者」だと感じる瞬間がたびたびある。私は就職活動を一度も経験したことがなく、大学在学中に自ら立ち上げたNGOで活動を始めた。しかし、適応障害を機にその団体を離れてからは、現在までフリーランスとして仕事を続けている。

どこにも属さず、自分のペースで働けることは私の特性を考えると理想的ではあるが、そうであっても、時には人と共に働いたり、会議に出席したりする場面もある。特に、自分が強く思い入れを抱くテーマに関わると、場の空気を忘れて、自分の考えを率直に表明してしまうことが多い。議題の前提に疑問を投げかけたり、自分の意見を一気に主張してしまったりして、場の空気が凍りつくこともある。
また、自分の考えに集中するあまり、相手の気持ちを十分に想像できず、驚かせたり、戸惑わせたりすることも少なくない。その一方で、その場を去ってから「言いすぎたかな」と反芻し、一人で後悔の念に苛まれることもしばしばある。

また、目の前の作業に集中すると、他のことが頭に入らなくなってしまう。ユーチューブの活動においてはこの集中力が役立ってきたが、日常生活では、重要な予定や約束を忘れてしまうことも多く、気がつけば時間に遅れてしまうことがよくある。仕事や私生活でも、自分が夢中になっていることへのこだわりが異常に強く、周囲からの影響をほとんど受けない。

私は時に衝動的に行動し、思い立ったら即実行してしまう癖がある。それがうまくいくことも多く、周りからは「行動力がある」と称賛されることもあるが、家族や友人からは「なぜ相談しないの？」と叱られることも少なくない。
そんな性格からか、他人との共同作業や共同生活には苦手意識があり、もし一般企業に就職していたら、１カ月と経たずに辞めていたかもしれない。今の仕事に出会わなければ、いわゆる「落ちこぼれ」になっていたと思う。

この本を執筆する過程で、自らを理解するために心療内科で検査を受けたところ、ASD（自閉スペクトラム症）とADHD（注意欠如・多動症）の傾向があると診断され、それまで漠然としていた自分の特性が少しだけ明確になった。

「なぜフリーランスになったのですか？」とよく尋ねられる。たしかに、適応障害を患い、立ち上げた団体を辞めたことがフリーランスになる直接的なきっかけではあった。しかし、今もこの働き方を続けているのは、フリーランスという形が自分に最も合っていると感じているからだ。

もちろん、フリーランスであっても他人との共同作業や協働が求められる場面はあり、息苦しさを感じることもあるし、ストレスが完全になくなるわけではない。それでも私は運良く、自分に合った働き方を見つけられたと感じている。自分の特性に合った「居場所」さえ見つけられれば、誰でも自然に適応でき、生きやすさを感じ、時には他の人以上の力を発揮することさえできる。

フリーランスという「所属先がない」働き方が、逆説的に私にとっての「居場所」を作り出しているのかもしれない。

この考えは、日本を離れ、アフリカで活動をする過程でさらに深まった。

アフリカの貧困や飢餓といった過酷な現状を発信していると、「そんな大変な場所に行くなんてすごいですね」と驚かれることがある。しかし、アフリカを「大変なことばかりの地」と見るのは、一面的な視点にすぎない。たしかに、アフリカでの生活には不便さや危険が伴うことも多い。しかし、別の視点から見ると、**私にとってアフリカは日本以上に「生きている実感」や「生きやすさ」を感じられる「居場所」でもあるのだ。**

私の周りには、アフリカで活躍している友人や知人が少なくない。その多くが、「日本では社会不適合者のように見られていたけれど、アフリカに来てからは生きやすくなった」と語る。彼らは、アフリカという地で自分らしく生きられる居場所を見つけたのだろう。

日本社会に漠然とした生きづらさを感じている人に対して、私は半分冗談のように「アフリカに行ってみたら？」と声をかけることがある。そして実際に、アフリカに渡り、現地の生活や文化に順応し、自分に合った居心地の良さを見つけている人も多い。

なぜ、不便なことも多く、決して楽とは言えない生活環境にもかかわらず、アフリカでの暮らしを「生きやすい」と感じるのだろうか。その理由を解き明かすために、これからさまざまな観点から掘り下げてみたい。

タイパではなく「余白」が人間らしさを育む

私がアフリカでの生活に感じる生きやすさの鍵は、「余白」という概念にある。この「余白」とは、日常の中にある不確実性や、計画に縛られない柔軟さを指す。東京とは特に対照的なウガンダでの生活を通して、私は日常に「余白」を見出すことができた。

私は学生時代からウガンダに関わり、現在も年に2回、数カ月間現地に滞在している。首都カンパラを中心に、ウガンダでは経済発展が進む一方で、交通や電力のインフラ整備はまだ不十分であり、渋滞や停電が日常茶飯事だ。

しかし、一見すると不便に思えるこの生活の中に、不思議と心地よさを感じる瞬間がある。なぜウガンダでの生活は、私にとって「生きやすさ」をもたらしているのだろうか。その理由を、東京での生活と比較することで考えてみたい。

東京の生活は、分刻みで運行される電車をはじめ、世界有数の便利さを誇る。効率性が徹底され、どんな予定も正確に進むことが前提とされている。

例えば、日本では電車が数分遅れるだけでも、車掌がアナウンスで謝罪し、乗客に理由を説明するほど時間管理が厳密だ。この正確さは「日本の素晴らしさ」として世界から称賛されることもあるが、その半面、遅刻やミスが「非効率」として厳しく評価されやすい。

こうした環境の中で、私は「時間に追われる感覚」に苛まれることが多かった。

さらに、効率性を最優先する社会では、空いた時間ができても「何かしなければ」という焦燥感に駆られることが少なくない。

近年では、「タイパ（タイムパフォーマンス）」の考え方が広がり、生活の中から「余白」が削《そ》ぎ落とされているように感じる。例えば、映画を倍速で観たり、本を読む代わりに要約動画で済ませたりと、時間を最大限有効に使おうとする行動が顕著だ。一見すると効率的だが、その結果、心の余裕や人間らしさが失われてはいないだろうか。

私のようにスケジュールに柔軟さを求める特性を持つ人間にとって、この「時間に追われる感覚」は特に息苦しさをもたらす。効率性を追求する環境は、時に心を圧迫し、日々の生活に疲労感をもたらしているように感じる。

一方、ウガンダでは不確実性が日常の一部となっている。渋滞や停電は珍しくなく、予定通りに進まないことが前提の文化が根付いている。そのため、時間管理も日本ほど厳密ではなく、生活の中に自然と「余白」が生まれる。

この「余白」がもたらす柔軟さは、現地の人々の態度や生活に色濃く表れている。例えば、突然停電が起きても、それを嘆くのではなく、ランプやろうそくを灯《とも》し、家族や近所の人々と語らう時間に変えてしまう。このような柔軟さが、私には心地よく感じられる。「アフリカンタイム」という言葉が示すように、時間に追われず自然体でいられるリズムが、私にはしっくりと馴染むのだ。**不確実性がもたらす「余白」は、単なる時間の浪費ではなく、心にゆとりをもたらす大切な要素だと感じている。**

もちろん、ウガンダでの生活には不便さも多い。停電や断水が起きれば、それが現地の人々にとっても負担となるのは間違いない。それでも、この「余白」は単なる不便さにとどまらず、人間らしい豊かさを取り戻すための鍵ではないだろうか。

東京の便利さには効率性や安心・安定という恩恵がある一方で、柔軟さが失われがちだ。対照的に、ウガンダでは「余白」が心にゆとりをもたらし、人と人との絆を深めたり、予期せぬ出来事を楽しむ余裕を生んだりしている。この違いこそが、私にとっての「生きやすさ」を大きく左右している。

ウガンダでの生活を通じて学んだのは、「余白」が人間らしい生活に不可欠だということだ。

効率性が重視される社会は、私たちを機械のように効率的な存在へと近づける一方で、「余白」のある生活は、心のゆとりと人間らしさを取り戻してくれる。日本とウガンダ、どちらが優れているというわけではない。どちらにも魅力があり、どちらにもそれぞれの困難がある。しかし、ウガンダで感じた「余白」が、私にとって人間らしく生きるための鍵であることは間違いない。

些細なことかもしれないが、ウガンダで「余白」の大切さを学んだ私は、日本の忙しい生活の中でも、日が沈む前の20分間は散歩をするよう心がけている。たったそれだけのことでも、生活の中に意識的に「余白」を作ると、心に自然とゆとりが生まれる。そして、そのゆとりが他人に対するほんの少しの優しさをもたらしてくれる。

アフリカで学んだ「余白」の価値には、私たちの社会をより生きやすくするためのヒントが隠されているのではないだろうか。

なぜ日本にいると生きづらさを感じるのか

私の特性であるＡＳＤには、「暗黙の了解」や「社会的なルール」を直感的に理解するのが苦手という側面がある。日本社会は調和を重んじ、場の空気を読むことが求められる文化だ。暗黙のルールを理解し、順応することが当然とされるこの環境は、私にとって息苦しく感じることが多かった。

一方、アフリカに身を置くと、日本のような「暗黙の了解」や「社会的なルール」がほとんど存在しないように感じる。

例えば、ウガンダの友人と待ち合わせをする時、時刻は一応約束するものの、到着時間が厳密でないことがほとんどだ。「3時に会おう」と言っても、実際に集まるのは4時を過ぎることも珍しくない。遅れてきた友人も笑顔で挨拶し、「途中で何かあった？」と話が弾む。日本の「5分前行動」が染みついていた私にとって、この「緩さ」に最初は戸惑っていたが、次第に肩の力が抜けていった。

もちろん、この「緩さ」には課題もある。ルールが必ずしも一貫して機能しないため、計画が滞り、物事がスムーズに進まないこともある。

しかし、それ以上に、社会的な期待やプレッシャーが少ない環境では、私のような特性を持つ人間は、肩肘張らずに過ごせるのかもしれない。

また、ＡＳＤの特性として、「こうでなければならない」というプレッシャーに強い苦痛を覚えることがある。小学生の頃に不登校を経験したのも、そうしたプレッシャーからくるストレスが一因だったのかもしれない。日本では「みんなと同じであるべき」「周りに合わせて行動すべき」という暗黙の了解が強く、それに適応できなかった私は常に息苦しさを抱えていた。

しかし、アフリカでは「外国人」という圧倒的なマイノリティとして見られるため、周囲からの期待が良くも悪くも少ない。この状況が、私にとってプレッシャーから解放される要因になっているのだろう。

これらの経験を通じて私は、**生きやすさとは、社会の期待に無理に合わせようとせず、自分らしくいられる環境に身を置くことだ**と実感するようになった。

日本で感じた生きづらさは、特性そのものによるものではなく、環境とのミスマッチが原因だった。しかし、日本を飛び出し、アフリカで活動するようになった時、私の特性と環境がうまくマッチし、「生きやすさ」を実感することができた。

この感覚は、地元の公立小学校から私立の逗子開成中学校に進学した際にも感じたし、フリーランスとして働き始め、ユーチューブを通じて自分のこだわりや衝動を活かせる場を見つけた時にも共通していた。

もちろん、発達障害の特性は人それぞれ異なる。全員にとってアフリカが生きやすいとは限らないし、自分の特性を強みとして発揮できる場所も人によって異なるだろう。それでも、日本の社会とは全く違う文化に触れ、自分の特性を活かせるかもしれない環境がどこかにあると知るだけで、生きやすさの可能性は大きく広がるのではないだろうか。

「コンプライアンス」や「ポリコレ」の代償

私は、「先進国」と「発展途上国」という二項対立で世界を切り分ける視点に懐疑的だ。しかし、あえてその枠組みを使い、いわゆる「先進国」とされる日本と、いわゆる「発展途上国」とされるアフリカの多くの国々を比較すると、「標準化」の度合いに明確な違いが見えてくる。

近代化が進んだ国々では、社会の秩序と生産性向上のために標準化が徹底され、多くの人が共通のルールや基準に従うことを求められる。これにより混乱は少なくなり、効率的な社会運営が実現するだろう。

その一方で、「これが正しい」「こうすべきだ」という固定観念が生まれやすく、選択肢や自由な発想が制限されることがある。

標準化が進んでいない社会では、その場の状況や人間関係を重視した柔軟な対応が求められることが多い。例えば、ウガンダの市場では、価格が固定されているとは限らない。売り手と買い手が「1万シリングでどうだろうか」「いや、8000なら買うよ」と会話を重ねながら条件を探る。このやり取りには、商品の需要や状態だけでなく、相手との関係性やその場の雰囲気までもが交渉の一部として影響を与えている。

こうした柔軟な取引の文化は、標準化された社会では感じられない「揺らぎ」や

「幅」を持っており、あらかじめ値段が決められ、交渉の余地がない日本のスーパーマーケットでは味わえない人間らしさがそこには漂っている。

ウガンダの市場でのやり取りは、標準化されたルールが支配する社会とは対照的だが、それは一例にすぎない。標準化が進んでいない社会では、自由な発想や柔軟な対応が尊重される場面が多く存在し、それが結果的に、標準化された社会にはない豊かさや多様性を生み出している。

一方で、**標準化が進んだ日本社会では、「こうあるべき」という価値観が強く根付いている。**

近年では、多様性を尊重するはずの「ポリティカル・コレクトネス」すら、新たな「正しさの標準」として普及しつつあるように思う。本来、「誰も傷つけない」という理念に基づいた取り組みであるはずが、「これが正しい多様性のあり方だ」という一律的な枠組みが形成され、かえって人々の考えや行動を窮屈にしている場面も見受けられる。

例えば、SNSでは、一部の批判的な意見が過剰に注目されることがある。その結果、他の人々が自由に発言することをためらう状況が生まれている。意見や表現が「正しさ」によって縛られることで、**多様性を尊重するはずの社会が、逆に多様な考え方や生き方を抑え込んでしまっているのではないだろうか。**

このような「正しさ」の押し付けは、人々から自由を奪い、社会に息苦しさをもたらしているように思う。

さらに、現代の日本社会では「コンプライアンス」という名のもとに、法令を守る以上の過剰な意識が広がりつつある。

もちろん、法令遵守は社会の秩序を保つうえで不可欠だ。しかし近年では、倫理観や公序良俗といった曖昧な社会規範にまで過剰に気を配る風潮が見られる。SNS上で発したひと言が一部の声の大きな批判にさらされ、発言者が謝罪や撤回を余儀なくされる現象や、職場や学校での発言や行動に細心の注意を払わざるを得ない状況がある。このような環境では、人々は「正しさ」を意識しすぎるあまり、自由に意見を述べたり、振る舞ったりすることが難しくなるだろう。

また、広告やメディアの分野では、特定の層を不快にさせないよう配慮しすぎた結果、表現が無難で均一化してしまったり、伝えたいメッセージが曖昧になってしまったりするケースもある。多様性の尊重を重視するあまり、意図的に中立的で無個性な描写を選択する広告や、議論を避けるために安全なテーマに終始するメディア報道がその一例だ。

こうした状況では、「正しさの標準」が社会全体に押し付けられることで、自由に考えたり、行動したりする余地が奪われてしまいかねない。結果として、人々が自己規制を強いられ、他者の目を常に気にしながら生活せざるを得ない状況を作り出してはいないだろうか。

この息苦しさの中で、多くの人が生きづらさを感じているように思う。

人間は本来、それぞれ異なる形を持った「凸凹な存在」だ。標準化された社会では、その凸凹を削り、一様に整えることが求められるかもしれない。しかし、**その均一性の中で失われるのは、人間らしさや個性といった本質的な価値だ。**ある人は標準から外れることで新しい視点を提供し、別の人は他にはない強みを発揮する。

一方で、アフリカの社会には、こうした「凸凹」がそのまま受け入れられるような柔軟さがあると感じる。例えば、ウガンダの市場でのやり取りや、時間に縛られない人々の生活態度には、一律に整えることよりも、それぞれの状況や個性を尊重する文化が根付いているように思う。

この「揺らぎ」や「幅」のある社会では、多様な人々がそれぞれの形で存在できる余地がある。それが結果として、生きやすさや人間らしさを支える要因になっているのではないだろうか。

私は、こうした「凸凹」を大切にするアフリカの社会のあり方に、多くのヒントが隠されていると感じている。それは、あらゆる物事を標準化しようとする現代社会に欠けている豊かさであり、私たちが忘れかけている人間本来の生き方ではないだろうか。

システム化された社会が人々の主体性を奪う

ウガンダの友人が来日した際、日本の生活で驚いたことを話してくれた。

「エスカレーターに乗れば自分が動かなくても上がっていく。トイレに行けば便座が自動で開く。タクシーに乗れば『シートベルトをお締めください』と機械が指示してくる」

彼女は半分笑いながらこれらを語ったが、最後に真剣な表情でこう付け加えた。

「すべてが外からの力で決められていて、自分の考えや行動が制約されているようだ」

日本では、日常生活の多くがシステムに組み込まれ、人々の行動が外部の仕組みによって管理されている。例えば、交通システムに従うことで安全に移動できるが、自分で考えて行動する機会は減りがちだ。信号が青に変われば、何も考えずに道路を渡ればいい。

一方、ウガンダでは信号機がない場所も多く、道路を渡る際には車やバイクの動きを観察し、自分の判断で足を踏み出す必要がある。

たしかに、システム化された生活は安全や快適さをもたらす。しかし、すべてがシステムに従う環境では、自分で考えて判断する機会が減り、人間から主体性が薄れていくように感じる。
ウガンダの友人はそんな日本社会を「メンタルの貧困」と指摘した。彼女の言葉を借りれば、**日々の生活の中で意思決定の機会が奪われることで、主体的に考える力が少しずつ衰え、創造性が失われている**のだという。

私自身も、アフリカと日本を行き来する中で、ウガンダの友人と同じようなことを感じた経験がある。
アフリカから帰国したばかりの頃、満員電車から降りて改札へ向かう群衆に混ざる自分に、ふと恐怖を覚えた。ただ人の流れに身を任せ、進むだけの状況で、自分の主体性が奪われ、何か大きなシステムの一部と化したような感覚に陥ったのだ。自分の意思がどこかに消え、ただ外部の力に従わされているような感覚は、何とも言えない虚無感を伴っていた。

もう一つ、日本で主体性が奪われていると感じたのは、コロナ禍のマスク着用だ。感染拡大を防ぐためのマスク着用は理解できるが、無人の公園でもマスクを外さない人々を見た時、「マスクを着けなければ」という基準が目的化し、「何のために」という問いが置き去りにされているように思えた。ただ基準に従うだけの行動が、いつの間にか当たり前になっていたのではないだろうか。

システム化された社会を否定するつもりはない。それは安全性や快適性を確保するために必要なものだ。しかし、システム化の代償として、「考える力」や「主体性」が奪われるリスクを見過ごしてはいけない。

システムに従うことが習慣化すれば、思考停止のまま大きな流れに従ってしまう危険もある。だからこそ、日々の生活の中で、**自分にとって本当に必要な行動や選択は何かを問い直し、小さな場面でも主体的な意思決定を積み重ねていくことが重要だ。**それこそが、私たちが「自分らしさ」を取り戻す第一歩になるのではないだろうか。

体を使い、失われた手触り感を取り戻す

アフリカでの生きやすさと日本での生きづらさを考える時、「主体性」と並んで重要なキーワードが「身体性」だ。

アフリカでは不便さや危険が日常の一部であり、特に私が取材で訪れる地域ではその傾向が顕著だ。しかし、そうした環境でこそ、不思議と「生きている」という実感が湧いてくる。それは、日常生活に身体的な体験が自然と織り込まれているからではないだろうか。東京とウガンダの生活を比較することで、この違いがより鮮明になる。

移動手段における身体的な関わりを考えてみたい。

東京では電車が主な移動手段だ。いったん電車に乗ってしまえば、何もせずに座っているだけで、または立っているだけで目的地に着いてしまう。自動改札や正

確な時刻表に支えられたシステムの中では、移動が無意識的になりがちだ。

一方、ウガンダではバイクタクシーを使うことが多い。バイクの後ろに座ると、道路状況や運転手の動きに合わせて、自然と体がバランスを取るようになる。風や周囲の環境を肌で感じながら移動することで、自分がこの世界に存在していることを強く意識させられる。

もう一つ、身体性を考える身近な例として「洗濯」が挙げられる。

日本では洗濯機が普及しており、ボタン一つで完了する。一方、ウガンダでは手洗いが基本だ。私も滞在中は手洗いをしているが、冷たい水に手を浸し、布を絞る感覚は、単なる作業を超えて生活に「手触り感」をもたらしてくれる。洗い終わった布の清潔さや、日光で乾く香りを五感で味わう瞬間には、充実感すら覚える。

もちろん、洗濯機は家事労働の負担を減らし、特に女性の社会進出を後押しする重要な役割を果たしてきた側面もある。ウガンダでは多くの場合、洗濯は女性の仕事とされ、時間と労力を必要とするため、手洗いの負担は無視できない。それでも、**このような体を使った作業は、便利さが生んだ「無感覚」な生活とは異なる価値があることも事実だ。**

解剖学者の養老孟《たけ》司《し》氏は、現代社会を「脳化社会」として批判し、身体性の重要性を説いている。

都市化された生活では、脳が優先される一方で、体の存在感が薄れてしまう。生産性や効率性を追求する現代社会において、脳と体のバランスが崩れ、人間という「生き物」にとって本来あるべき自然な状態から遠ざかっているのではないか。

体を使うという営みは、単に「労力をかける」ということではなく、「生きている」という実感を深くもたらす行為だ。この感覚が、アフリカの生活では日々の中で自然と育まれているように感じる。

都市化された現代社会の中で、私たちは生活の「手触り感」を失ってはいないだろうか。

便利で快適な生活を否定するつもりはない。私自身も日本ではその恩恵を受け、効率的な環境の中で日々を過ごしている。しかし、その便利さの裏側で、私たちは体を通じて世界とつながる感覚を置き去りにしてはいないだろうか。デスクワークに追われる日々の中でも、意識的に体を使い、世界と関わる時間を作ることが重要だと感じる。

運動や自然の中での散歩、友人との直接の対話——どんな小さな行動でもいい。それらは単なる「作業」ではなく、私たちが自分自身を感じ、世界とのつながりを実感する瞬間になる。体を動かし、五感を使って環境と向き合うことで、人間としての豊かさが育まれる。こうした営みこそが、現代の効率性重視の生活では失われがちな「生きている」という実感を取り戻す鍵なのかもしれない。

死を意識することで得られる「生」の実感

アフリカでは、日常生活の中で「死」を意識せざるを得ない瞬間が多い。

例えば、アフリカの多くの地域で流行するマラリアは、命を脅かす代表的な感染症だ。夜行性の蚊が媒介するこの病気は、適切な治療を受けなければ死に至ることもある。現地の友人たちの中には、家族をマラリアで失った人も少なくない。そんな背景があるからこそ、アフリカに滞在している間は、虫よけスプレーを塗り、寝る時には蚊帳を使うなど、「どうすれば蚊に刺されないか」を日々考えながら生活する必要がある。

私自身、マラリアではないが、感染症で命の危険を感じた経験がある。コンゴ東部での取材を終えた直後に赤痢アメーバという感染症にかかり、高熱と激しい腹痛に苦しんだ。体力を奪われながらも必死で病院にたどり着き、診断を受けた時は、まさに命拾いをしたと思った。アフリカの多くの地域では、衛生状態の悪さや医療へのアクセスの難しさが、感染症をより深刻な脅威にしている。

交通事故も避けがたいリスクの一つだ。例えば、アフリカの多くの国で利用されているバイクタクシーは、便利な移動手段である一方、ヘルメットの着用率が低く、事故で命を落とすケースが後を絶たない。また、インフラが整備されていない地域では、大きな穴が開いた道路や信号のない見通しの悪い交差点が至るところにあり、事故の原因となりやすい。さらに、ドライバーの交通ルールへの意識や教育の不足も影響し、こうした要因が複雑に絡み合うことで、死亡事故が頻繁に発生している。

このように、病気や事故と隣り合わせの生活は、命の儚《はかな》さを日々実感させる。

紛争地域ではさらに状況が過酷だ。特にコンゴ東部のような地域では、武力衝突や紛争に関連した死が日常の一部となっている。

こうした環境の中に身を置くと、「死」というものが否応なく身近に感じられるようになる。今となっては大げさに聞こえるかもしれないが、コンゴに向かう前、万が一の可能性を考えて遺書を書くべきか悩んだこともあった。現地滞在中も「明日自分が死ぬかもしれない」と考えたこともあった。もちろん、簡単に死ぬつもりなんてなかったし、できる限りの対策は講じた。

しかし、コンゴ東部での経験は、私の死生観を大きく変えることになった。死が常に身近にある環境に身を置くことで、それまで漠然とした概念でしかなかった「死」というものの輪郭が、少しずつ明確になっていく感覚があった。そして、**死が現実的なものになればなるほど、不思議と恐怖感が薄れ、死を冷静に受け**

止められるようになったのだ。

日本で生活していた頃のほうが、むしろ死に対する漠然とした不安を感じていたように思う。コンゴ東部では、少し手を伸ばした場所に死が存在するからこそ、常に頭の片隅で「死」を意識しながら過ごしていたが、同時に「今、私は確かに生きている」という実感もあった。「死」というものを具体的に想像できるようになると、それが逆に「生きている実感」を強くもたらしてくれたのだ。

経済発展が進んだ日本では、日常生活の中で「死」を意識する瞬間は少ない。もちろん、自分や身近な人が末期の癌《がん》を患っていたり、医療従事者としてコロナ禍の最前線に立たれていたりした方にとっては、死は身近なものかもしれない。しかし、多くの人にとっては、「明日自分が死ぬかもしれない」と考えることは稀であり、「死」を意識する機会そのものが少ないように思える。

これは、日本が経済発展と共に医療水準を大きく向上させ、死亡率を大幅に低下させた成果の一つだ。かつては身近だった感染症や生活環境による死亡のリスクが減り、私たちの日常生活から「死」は徐々に遠ざけられた。

さらに、現在では多くの高齢者が病院で最期を迎えるようになり、かつて家庭や地域で自然と目にしていた「死」の場面が、私たちの生活から切り離されてしまったことも大きな要因だ。死亡率が下がったことは、もちろん歓迎すべき成果だ。しかし、こうした変化によって、死を非日常的なものとして感じる人が増え、その存在を意識する機会が減少してきたこともまた事実だ。

確かなことが一つある。**これまでに死を免れた人は誰一人としておらず、私たち全員が致死率100％の運命を背負っている。**

現代の生活では、死の存在が遠ざけられ、私たちの日常からその姿がほとんど見えなくなっている。しかし、私も、あなたも、そしてあなたの大切な人も、例外なくいつか必ず死を迎える。

死を遠ざける生活は、安全で快適であるように思えるかもしれない。だが、「いつか誰もが死ぬ」という普遍の事実を忘れさせることで、私たちから「生きている」という実感を静かに奪い去っている危険性も秘めているのではないだろうか。

生と死は、単純に対立するものではなく、むしろ連続したものだ。**生の延長線上**

に死があり、それは生の終わりであると同時に、生の価値を鮮やかに浮かび上がらせる存在だ。

私たちがその線をどのように歩むかは人それぞれだが、避けることのできない終点として、死は確かにそこにある。その事実を直視し、「死」を遠ざけることなく具体的に意識することで、私たちは「今生きている」という感覚を、これまで以上に鮮明に味わえるのではないだろうか。

ウガンダの友人の言葉が深く心に刻まれている。彼は毎晩、「今日1日を生きられたこと」に感謝するのだそうだ。かつて極貧生活を経験していた彼は、「もしかしたら明日は生きられないかもしれない」という現実と向き合いながら日々を生きてきた。

胸の奥に静かに、しかし深く響くその言葉には、命の儚さを知るからこその重みがあった。そして、そうした意識があるからこそ、過去や未来に囚われることなく「今」に集中し、与えられたものに感謝しながら、現在を精一杯生きる力が湧いてくるのだという。

私たちの生活の中でも、「死」を意識する時間を持つことは、必要な営みではないだろうか。それは決して悲観的になるためではなく、むしろ「限られた時間をどう生きるか」を真剣に考えるきっかけを与えてくれる。そして、今自分が生きていること、その中で与えられているものに感謝する気持ちを呼び覚ましてくれる。

「死」を意識することは、「生」をより鮮やかにするための原動力となる。それを教えてくれたのは、過酷な環境の中でも笑顔を絶やさず、今を懸命に生きるアフリカの人々の姿だった。

おわりに

「原貫太さんが考える幸せとは何ですか？」

講演会やインタビューでよく聞かれるこの質問。紛争や貧困に苛まれる過酷な環境を訪れ、そこで暮らす人々の姿を発信しているからこそ、「そんな世界を見てきた原さんにとって、幸せとは何なのか」と興味を持たれるのだろう。

「幸せになりたい」という願望は、多くの人が抱く普遍的な思いだ。広告やSNSなど、私たちの身の回りを見渡せば「幸せ」をテーマにしたメッセージが溢れている。

私が考える「幸せ」とは、自分に与えられているものに目を向け、感謝しながら生きることだ。言い換えれば、「足るを知る」という生き方を実践すること。アフリカの紛争地や貧困地域を訪れる中で、そう強く実感した。

取材で訪れたコンゴ民主共和国東部の村。そこには電気も水道もガスもなかった。夕食のインスタントラーメン用に熱湯を作るのにも炭火を使うしかなく、お湯が沸くまで30分以上かかった。でも、やっとの思いでありついたそのラーメンは、これまで食べたどんなラーメンよりも美味《おい》しく感じられた。

一方、日本では電気ケトルを使えば、たったの30秒でお湯が沸く。電気、水道、ガスが当たり前に揃った日常は、アフリカから見れば極めて恵まれた環境だ。しかし、そうした便利な日常の中で、私たちは「あるもの」を当たり前と捉え、「ないもの」にばかり目を向けてしまう。

アフリカの貧しい地域を訪れた当初、私も「ないもの」ばかりに目が行った。整備されていないインフラ、不十分な医療環境、限られた教育機会――目に映るのは課題ばかりだった。

しかし、現地での日々を重ねるうちに、厳しい暮らしの中にも確かに「あるもの」に目が向くようになった。そして、アフリカの人々が大切にしている価値観の中に、日本人が学ぶべき多くの教訓があることに気づかされた。例えば、目の前の1日1日に感謝しながら、現在を精一杯に生きる姿。便利さや効率を追求する現代社会とは異なる価値観が、彼らの生き方を支えているように思えた。

それは、「死」を身近に意識せざるを得ない環境だからこそ生まれる価値観でもあるのかもしれない。

アフリカでは、病気や事故、紛争など「死」と隣り合わせの状況が日常の一部となっている。私自身、コンゴ東部での取材を終えた直後に感染症にかかり、命の危険を感じた。そんな過酷な環境で暮らす人々が見せる笑顔や感謝の言葉には、命の儚さを知るからこその重みがあるように感じられた。

「死」を意識することで、かえって「生きている実感」が強まる――アフリカで学んだ大切な教訓だ。いつ「死」が訪れてもおかしくない環境に身を置くことで、「与えられた時間の中で、何を大切にし、どのように生きるか」を真剣に考えるようになった。「今、ここにいる自分」を強く感じられるようにもなった。そして、命があるからこそ、目の前にあるささやかなものを大切にし、それを幸せだと思える瞬間が増えた。

手の届かない理想を追い求めるのではなく、今、自分が持っているものに価値を見出し、それに感謝する。それこそが、幸せの秘訣《ひけつ》なのかもしれない。

もちろん、現代の資本主義社会で「足るを知る」という生き方を実践するのは容易ではない。私自身、アフリカから安全で快適な日本に帰り、日常生活に戻ると、「足るを知る」という感覚は次第に薄れていってしまう。街やネットで「もっと良いもの」「より便利な生活」を謳《うた》う言葉を見かけるたびに、「ないもの」を意識してしまう自分もいる。情報が溢れ、欲望を刺激される生活の中で、「足るを知る」を十分に実践できているとは言えない。

しかし、アフリカでの経験を通じて、自分に与えられているものの価値を改めて見つめ直し、それを大切にすることを胸に刻むようになったのも確かだ。アフリカの人々が見せてくれた生き方は、私にとって何よりの学びだった。そして、それを日本でどのように実践し、活かしていくのか――それこそが、私自身のこれからの課題でもある。

アフリカの人々の生き方や、私が彼らから学んだ考え方が、この本を通じて少しでもあなたの心に響き、日々の生活やこれからの人生に小さな変化をもたらすことができたなら、これ以上の喜びはありません。何気ない日常の中で、目の前にあるものに感謝し、自分らしい幸せを見つけるための一歩を踏み出すきっかけとなればと、心から願っています。

謝辞

この本の制作に関わってくださったすべての方々に、心より感謝を申し上げます。

第1章のコンゴ取材の原稿については、前作『あなたとSDGsをつなぐ「世界を正しく見る」習慣』に続き、コンゴ民主共和国の紛争鉱物問題に詳しい東京大学未来ビジョン研究センター特任講師、NPO法人RITA-Congo代表理事でもある華井和代先生に内容の確認をお願いしました。

私は、世界の問題と向き合ううえで、現場を細かく見る「虫の目」だけではなく、俯瞰的に見る「鳥の目」も併せ持つことが重要だと考えています。現場での取材も大切ですが、それだけでは見えないことも多々あります。華井先生には研究者としての視点から、私が現場で見聞きした内容が偏ったものになっていないかを丁寧にチェックしていただきました。お忙しい中、原稿を確認していただき、ありがとうございました。

また、今回も前作に引き続き、『FACTFULNESS（ファクトフルネス）10の思い込みを乗り越え、データを基に世界を正しく見る習慣』（日経BP）の共訳者である上杉周作さんにすべての原稿を確認していただきました。

上杉さんの指摘は、単に内容のファクトチェックにとどまりませんでした。「この部分の表現は文脈的に適切か」「一部の読者への配慮が欠けていないか」「前後の記述に矛盾がないか」――こうした視点から、原稿全体を細部まで丹念に読み込んでくださり、たくさんのコメントと修正案をいただきました。私が気づけなかった配慮や微妙なニュアンスにまで目を配っていただけたことは、この本をより多くの方に届けるうえで大きな意味を持つものでした。心から感謝しています。

コンゴ東部の取材では、認定NPO法人テラ・ルネッサンスの小川真吾さんに現地でお世話になりました。コンゴ東部のような過酷な環境で、現場を深く取材できたのは、小川さんが長年にわたって築いてこられた現地コミュニティとの絆があったからこそです。小川さんの、アフリカの人々に寄り添い、紛争を終わらせるために奮闘する姿勢には、いつも大きな刺激をもらっています。また、私が壁にぶつかり悩んだ時には、いつも相談に乗ってくださり、視点を広げ、価値観を大きく変える助言をいただきました。これからも人生のメンターとして、どうぞよろしくお願いいたします。

今作も前作に引き続き、KADOKAWAの編集者の金子拓也さんに編集を担当していただきました。企画段階から、本のコンセプトや内容について真摯に向き合い、的確なアドバイスをくださったおかげで、より多くの読者に届く形に仕上げることができました。金子さんのプロフェッショナルなサポートに心から感謝しております。

さらに、私のユーチューブを日頃から観てくださる皆さま、活動をサポートしてくださる皆さまにも、感謝をお伝えしたいと思います。

アフリカをはじめ、世界の問題を広く伝えることは、決して簡単なことではありません。関心を持たれにくいテーマが多いため、どれだけ工夫しても思うように届かず、無力感に苛まれる日々もありました。それでも今、チャンネル登録者が33万人を超え、今日まで活動を続けてこられたのは、視聴者の皆さま、そして活動を支えてくださる方々のお力添えがあったからこそです。この場を借りて、心より感謝申し上げます。

最後に、私の人生をずっと支えてくれている母と父に感謝の気持ちを伝えたいと思います。不登校や精神疾患を経験した時期は、二人にとって大きな負担をかけてしまったと思います。それでも、二人が変わらず私を支え続けてくれたおかげで、今こうして元気に活動を続けることができています。いつか「死」という永遠の別れが訪れてしまうことは避けられませんが、今こうして感謝の言葉を伝えられること自体が大きな幸せです。

読者の皆さま、最後までお付き合いいただき、本当にありがとうございました。また、ユーチューブでもお会いできることを楽しみにしています。

原 貫太

2025年1月

原 貫太（はら・かんた）

1994年生まれ。フリーランス国際協力師。早稲田大学卒。

フィリピンで物乞いをする少女と出会ったことをきっかけに、学生時代から国際協力活動をはじめる。大学在学中にアフリカ支援のNPO法人を設立し、新卒で国際協力を仕事にする。出版や講演、SNSを通じた啓発活動にも取り組み、2018年3月には小野梓記念賞を受賞した。

大学卒業後に適応障害を発症し、同法人の活動から離れる。半年間の闘病生活を経てフリーランスとして活動を再開。アフリカを中心に世界各地で取材を行い、国際協力の情報発信に力を入れている。YouTubeチャンネルの登録者数は33万人超（2025年1月現在）。主な著書に『あなたとSDGsをつなぐ「世界を正しく見る」習慣』（KADOKAWA）、『世界を無視しない大人になるために』ほか。

世《せ》界《かい》は誰《だれ》かの正義《せいぎ》でできている
アフリカで学《まな》んだ二元論《にげんろん》に囚《とら》われない生《い》き方《かた》

2025年2月20日　初版発行

著者／原《はら》 貫太《かんた》

発行者／山下 直久

発行／株式会社KADOKAWA
〒102-8177　東京都千代田区富士見2-13-3
電話 0570-002-301（ナビダイヤル）

印刷所／大日本印刷株式会社
製本所／大日本印刷株式会社

●お問い合わせ
https://www.kadokawa.co.jp/（「お問い合わせ」へお進みください）
※内容によっては、お答えできない場合があります。
※サポートは日本国内のみとさせていただきます。
※Japanese text only

定価はカバーに表示してあります。

ISBN 978-4-04-607372-3　C0030